"十四五"时期
国家重点出版物
出版专项规划项目

新时代公园城市建设探索与实践系列丛书

公园城市
建设中的公园文化演替

李炜民
张宝鑫

主编

中国城市出版社

本书编委会

主　　编：李炜民　张宝鑫
副 主 编：王香春
编　　委：毕庆泗　王瑞琦　王　钰　蔡文婷　王霄煦　冯雪珊

丛书序

2018年2月，习近平总书记视察天府新区时强调"要突出公园城市特点，把生态价值考虑进去"；2020年1月，习近平总书记主持召开中央财经委员会第六次会议，对推动成渝地区双城经济圈建设作出重大战略部署，明确提出"建设践行新发展理念的公园城市"；2022年1月，国务院批复同意成都建设践行新发展理念的公园城市示范区；2022年3月，国家发展和改革委员会、自然资源部、住房和城乡建设部发布《成都建设践行新发展理念的公园城市示范区总体方案》。

"公园城市"实际上是一个广义的城市空间新概念，是缩小了的山水自然与城市、人的有机融合与和谐共生，它包含了多个一级学科的知识和多空间尺度多专业领域的规划建设与治理经验。涉及的学科包括城乡规划、建筑学、园林学、生态学、农业学、经济学、社会学、心理学等，这些学科的知识交织汇聚在城市公园之内，交汇在城市与公园的互相融合渗透的生命共同体内。"公园城市"的内涵是什么？可概括为人居、低碳、人文。从本质而言，公园城市是城市发展的终极目标，整个城市就是一个大公园。因此，公园城市的内涵也就是园林的内涵。"公园城市"理念是中华民族为世界提供的城市发展中国范式，这其中包含了"师法自然、天人合一"的中国园林哲学思想。对市民群众而言园林是"看得见山，望得见水，记得起乡愁"的一种空间载体，只有这么去理解园林、去理解公园城市，才能规划设计建设好"公园城市"。

有古籍记载说"园莫大于天地"，就是说园林是天地的缩小版；"画莫好于造物"，画家的绘画技能再好，也只是拷贝了自然和山水之美，只有敬畏自然，才能与自然和谐相处。"公园城市"就是要用中国人的智慧处理好人类与大自然、人与城市以及蓝（水体）绿（公园等绿色空间）灰（建筑、道路、桥梁等硬质设施）之间的关系，最终实现"人（人类）、城（城市）、园（大自然）"三元互动平衡、"蓝绿灰"阴阳互补、刚柔并济、和谐共生，实现山、水、林、田、湖、草、沙、居生命共同体世世代代、永续发展。

"公园城市"理念提出之后，各地积极响应，成都、咸宁等城市先行开展公园城市建设实践探索，四川、湖北、广西、上海、深圳、青岛等诸多省、区、市将公园城市建设纳入"十四五"战略规划统筹考虑，并开展公园城市总体规划、公园体系专项规划、"十五分钟"生活服务圈等顶层设计和试点建设部署。不少专家学者、科研院所以及学术团体都积极开展公园城市理论、标准、技术等方面的探索研究，可谓百花齐放、百家争鸣。

"新时代公园城市建设探索与实践系列丛书"以理论研究与实践案例相结合的形式阐述公园城市建设的理念逻辑、基本原则、主要内容以及实施路径，以理论为基础，以标准为行动指引，以各相关领域专业技术研发与实践应用为落地支撑，以典型案例剖析为示范展示，形成了"理论+标准+技术+实践"的完整体系，可引导公园城市的规划者、建设者、管理者贯彻落实生态文明理念，切实践行以人为本、绿色发展、绿色生活，量力而行、久久为功，切实打造"人、城、园（大自然）"和谐共生的美好家园。

人民城市人民建，人民城市为人民。愿我们每个人都能理解、践行公园城市理念，积极参与公园城市规划、建设、治理方方面面，共同努力建设人与自然和谐共生的美丽城市。

国际欧亚科学院院士
住房和城乡建设部原副部长

丛书前言

习近平总书记2018年在视察成都天府新区时提出"公园城市"理念。为深入贯彻国家生态文明发展战略和新发展理念，落实习近平总书记公园城市理念，成都市率先示范，湖北咸宁、江苏扬州等城市都在积极实践，湖北、广西、上海、深圳、青岛等省、区、市都在积极探索，并将公园城市建设作为推动城市高质量发展的重要抓手。"公园城市"作为新事物和行业热点，虽然与"生态园林城市""绿色城市"等有共同之处，但又存在本质不同。如何正确把握习近平总书记所提"公园城市"理念的核心内涵、公园城市的本质特征，如何细化和分解公园城市建设的重点内容，如何因地制宜地规范有序推进公园城市建设等，是各地城市推动公园城市建设首先关心、也是特别关注的。为此，中国城市建设研究院有限公司作为"城乡生态文明建设综合服务商"，由其城乡生态文明研究院王香春院长牵头的团队率先联合北京林业大学、中国城市规划设计研究院、四川省城乡建设研究院、成都市公园城市建设发展研究院、咸宁市国土空间规划研究院等单位，开展了习近平生态文明思想及其发展演变、公园城市指标体系的国际经验与趋势、国内城市公园城市建设实践探索、公园城市建设实施路径等系列专题研究，并编制发布了全国首部公园城市相关地方标准《公园城市建设指南》DB42/T 1520—2019和首部团体标准《公园城市评价标准》T/CHSLA 50008—2021，创造提出了"人-城-园"三元互动平衡理论，明确了公园城市的四大突出特征：美丽的公园形态与空间格局；"公"字当先，公共资源、公共服务、公共福利全民均衡共享；人与自然、社会和谐共生共荣；以居民满足感和幸福感提升为使命方向，着力提供安全舒适、健康便利的绿色公共服务。

在此基础上，中国城市建设研究院有限公司联合中国风景园林学会、中国公园协会共同组织、率先发起"新时代公园城市建设探索与实践系列丛书"（以下简称"丛书"）的编写工作，并邀请住房和城乡建设部科技与产业化发展中心（住房和城乡建设部住宅产业化促进中心）、中国城市规划设计研究院、中国城市出版社、北京市公园管理中心、上海市公园管理中心、东南大学、成都市公园城市建设发展研究院、北京市园林绿化科学研究院等多家单位以及权威专家组成丛书编写工作组共同编写。

这套丛书以生态文明思想为指导，践行习近平总书记"公园城市"理念，响应国家战略，瞄准人民需求，强化专业协同，以指导各地公园城市建设实践干什么、怎么干、如何干得好为编制初衷，力争"既能让市长、县长、局长看得懂，也能让队长、班长、组长知道怎么干"，着力突出可读性、实用性和前瞻指引性，重点回答了公园城市"是什么"、要建成公园城市需要"做什么"和"怎么做"等问题。目前本丛书已入选国家新闻出版署"十四五"时期国家重点出版物出版专项规划项目。

丛书编写作为央企领衔、国家级风景园林行业学协会通力协作的自发性公益行为，得到了相关主管部门、各级风景园林行业学协会及其成员单位、各地公园城市建设相关领域专家学者的大力支持与积极参与，汇聚了各地先行先试取得的成功实践经验、专家们多年实践积累的经验和全球视野的学习分享，为国内的城市建设管理者们提供了公园城市建设智库，以期让城市决策者、城市规划建设者、城市开发运营商等能够从中得到可借鉴、能落地的经验，推动和呼吁政府、社会、企业和老百姓对公园城市理念的认可和建设的参与，切实指导各地因地制宜、循序渐进开展公园城市建设实践，满足人民对美好生活和优美生态环境日益增长的需求。

丛书首批发布共14本，历时3年精心编写完成，以理论为基础，以标准为纲领，以各领域相关专业技术研究为支撑，以实践案例为鲜活说明。围绕生态环境优美、人居环境美好、城市绿色发展等公园城市重点建设目标与内容，以通俗、生动、形象的语言介绍公园城市建设的实施路径与优秀经验，具有典型性、示范性和实践操作指引性。丛书已完成的分册包括《公园城市理论研究》《公园城市建设标准研究》《公园城市建设中的公园体系规划与建设》《公园城市建设中的公园文化演替》《公园城市建设中的公园品质提升》《公园城市建设中的公园精细化管理》《公园城市导向下的绿色空间竖向拓展》《公园城市导向下的绿道规划与建设》《公园城市导向下的海绵城市规划设计与实践》《公园城市指引的多要素协同城市生态修复》《公园城市导向下的采煤沉陷区生态修复》《公园城市导向下的城市采石宕口生态修复》《公园城市建设中的动物多样性保护与恢复提升》和《公园城市建设实践探索——以成都市为例》。

丛书将秉承开放性原则，随着公园城市探索与各地建设实践的不断深入，将围绕社会和谐共治、城市绿色发展、城市特色鲜明、城市安全韧性等公园城市建设内容不断丰富其内容，因此诚挚欢迎更多的专家学者、实践探索者加入丛书编写行列中来，众智众力助推各地打造"人、城、园"和谐共融、天蓝地绿水清的美丽家园，实现高质量发展。

前 言

中国园林具有悠久的历史、辉煌的成就和多元的功能，更渗透着中华民族的灿烂文化，是传承与展示中华优秀传统文化的重要载体。中国园林以其深厚的哲学思想、丰富的文化内涵、多彩的艺术形式和高超的技术水平在世界园林体系中独树一帜，既是寓情于景，汇多种非物质文化艺术形态于一身的社会精神财富，又是寓居于境，体现国泰民安、民族团结、经济繁荣的社会物质财富，为东方文明之有力象征。

园林是城市化发展的产物。伴随着社会进步与时代更迭，现代园林的创作与所表现的形式更加突出其公共属性，公共园林成为今天城市园林的主体与主题。中华人民共和国成立后，毛泽东主席发出"大地园林化"的号召，各地开始兴建人民公园，北京市曾一次性划拨42块土地用于公园绿地建设，反映当时国家重整山河、改善人民生活环境的决心与期望，公园成为一个城市老百姓幸福生活指数重要的参数。1958年著名科学家钱学森先生在人民日报发表"不到园林，怎知春色如许——谈园林学"一文，提出要用祖国的园林艺术来美化我们今天的城市。进入1980年代，钱学森先生又连续发表"再谈园林学""园林艺术是我国创立的独特艺术部门"等文章，提出"我们的大城市、中心城市，按中国园林的概念，（绿地）应占1/2，让园林包围建筑，而不是建筑群中有几块绿地。应该用园林艺术来提高城市环境质量，要表现中国的高度文明，不同于世界其他国家的文明，这是社会主义精神文明建设的大事"，进而又提出建设"山水城市"的构想。

中国园林的主题是和谐，其核心思想是"师法自然"，"虽由人作，宛自天开"是中国古代造园所追求的最高境界；其灵魂是文化，是具有生命力的文化形态。从清朝末期开始，现代意义上的公园开始出现。民国时期私家园林、皇家园林陆续向公众开放，完成了从皇家禁苑到现代公园功能和角色转换。中华人民共和国成立后，政府在保护修缮开放历史名园的同时,主导兴建了大批具有鲜明时代特征的各类公园和城市绿地,反映了党和国家对人民美好生活向往的回应。历史名园是前人留给我们的集物质与非物质文化遗产于一身的宝贵财富,记载着历史的演变、社会的更迭,传承着优秀的文化,留下很多美好的故事传说。

中华人民共和国成立以来,很多重大的外交历史事件,改革开放后许多国际重大活动都有公园的身影,公园体现的价值和文化影响力代表着中国智慧。随着社会的不断进步,园林内涵不断扩大,文化不断出新、类型不断多样,"文化建园"成为城市园林建设的指导思想。钱学森先生指出,没有文化内涵的园林不能称之为园林,只能叫"林园"。园林不是种树,是对一个城市文脉的传承,是城市的名片,是改善人居环境、维护城市健康、保护城市生物多样性的重要基础设施和自然文化载体。

从中华人民共和国成立后的"大地园林化",各地兴建"人民公园""解放公园",到改革开放后倡导"园林城市""生态园林城市"建设,公园一直是城市宜居环境建设的主题和主体,不同时代的公园文化,反映了国家发展的不同阶段,"公园城市"的出现是历史发展的必然结果。如果说中华人民共和国成立后,毛泽东主席发出"大地园林化"的号召,各地开始建设人民公园,象征人民当家作主从此站起来了;1992年国家倡导"园林城市"建设,象征国家改革开放富起来了;那么今天建设"公园城市",就是我们国家走向强盛的象征。

在建设生态文明的今天,我们需要重新思考公园的作用和功能,思考公园文化的影响和价值,在对公园、城镇、文化等概念分析的基础上,系统梳理公园文化发展的脉络,试图厘清公园和园林,公园和公园文化等的异同点,再提出我们对于公园文化之于城市发展的作用与价值,尤其是基于公园城市建设的背景,应考虑公园城市建设中公园文化,启发新的思考。编者水平所限,不当之处,尚请批评指正。

目 录

第 1 章　公园文化概述

1.1　文化与公园文化　　002
　1.1.1　关于文化　　002
　1.1.2　园林文化与公园文化　　002

1.2　公园产生与公园文化发展　　005
　1.2.1　近代公园的肇始　　005
　1.2.2　近代公园文化发展　　010

1.3　公园文化体系雏形渐成（中华人民共和国成立至改革开放前）　　022
　1.3.1　公园建设渐成体系　　022
　1.3.2　公园建设曲折发展　　025

1.4　公园文化的传承发展　　027
　1.4.1　公园建设新起点　　027
　1.4.2　公园文化蓬勃发展　　031

1.5　公园城市的文化建设　　035
　1.5.1　公园城市的时代特征　　035
　1.5.2　公园城市的文化传承　　040

第 2 章　公园文化建设

2.1　公园文化建设路径　　052
　2.1.1　摸底评估，分类施策　　052
　2.1.2　巩固强化，凸显价值　　057

		2.1.3 挖掘资源，合理表达	058
		2.1.4 组织宣传，保护传承	062
2.2	公园文化内涵表达		064
	2.2.1 历史文化表达		065
	2.2.2 时代特征表达		084
	2.2.3 地域文化表达		089
2.3	公园文化的主题表达		093
	2.3.1 题名凝练		094
	2.3.2 形象塑造		097
2.4	公园城市中的公园文化建设		099
	2.4.1 公园和城市文化的关系		099
	2.4.2 文化导向下的公园建设		100
	2.4.3 公园城市中的公园建设创新		101

第3章　公园文化建设实施与保障

3.1	公园文化建设的实施	108
	3.1.1 公园文化建设的实施主体	108
	3.1.2 公园文化建设实施的流程	111
3.2	公园文化建设的保障	124
	3.2.1 加强组织领导	124
	3.2.2 突出规划引领	125
	3.2.3 完善政策机制	127

	3.2.4	强化科技与人才支撑	127
	3.2.5	突出政府主责 多途保障资金	129
	3.2.6	加强监督管理	129
	3.2.7	加大宣传教育、激发公众参与	130

第 4 章　公园文化探索与展望

4.1	守护绿水青山	134
4.2	传承中华文明	135
4.3	彰显民生福祉	139

参考文献　　　　　　　　　　　　　　　　　　　　　143

第1章

公园文化概述

公园在现代社会中是不可或缺的,其根源于中国古代的造园传统,逐渐赋予了现代社会的物质和精神内涵。公园与传统园林一脉相承,是社会文化的重要组成部分,也是文化保护传承与利用的重要载体。在公园城市建设的时代背景下,更需要深刻了解文化、园林文化、公园文化,了解公园文化发展的历史脉络,从深层次了解公园城市的本质和内涵,从而将公园城市建设不断推向深入,营造更美丽宜居的城市空间,以满足人们对美好生活和优美生态环境日益增长的需求。

1.1 文化与公园文化

1.1.1 关于文化

习近平总书记指出:"文化是一个国家、一个民族的灵魂。文化兴国运兴,文化强民族强。没有高度的文化自信,没有文化的繁荣兴盛,就没有中华民族伟大复兴";"中国有坚定的道路自信、理论自信、制度自信,其本质是建立在5000多年文明传承基础上的文化自信。"

文化,从词义上来说是人类社会相对于经济、政治而言的精神活动及其产物,一般来说分为物质文化和非物质文化。文化是一种社会现象,它是由人类长期创造形成的产物,同时又是一种历史现象,是人类社会与历史的积淀物。《辞海(第六版)》中关于"文化"有广义和狭义两种解释:从广义来讲,文化是指人类社会历史实践过程中所创造的物质财富和精神财富的总和。从狭义来说,文化指社会的意识形态,以及与之相适应制度组织机构。老舍先生说,所谓文化就是一个国家一个民族古往今来的精神和物质生活。文化是动态的、渐进的、不间断的发展过程。文化是凝结在物质之中又游离于物质之外的,能够被传承和传播的国家或民族的思维方式、价值观念、生活方式、行为规范、艺术文化、科学技术等,它是人类相互之间进行交流的普遍认可的一种能够传承的意识形态,是对客观世界感性上的知识与经验的升华。

1.1.2 园林文化与公园文化

1. 关于园林

中国古典园林有着悠久的历史,各个历史时期都有经典园林的出现,传统的造园技艺也在园林发展过程中逐渐成熟。近现代以来,众多优秀的古典园林得以传承、保护、创新发展,多以公园的形式对公众开放。除此之外,也有很多新建的城市公园,作为现代园林的重要组成部分,是城市中具有生命的绿色基础设施。在维护城市生态、景观、文化、休憩、减灾以及生物多样性保护等方面发挥着重要作用，《城市绿地分类标准》CJJ/T 85—2017 中明确提出，城市绿地可分为：公园绿地、防护绿地、广场绿地、附属绿地和区域绿地。本书中的"公园"是指公园绿地中不同类型的公园。

中国园林在世界园林体系中独树一帜，被誉为东方文明的有力象征，可谓是源远流长，博大精深，影响深远。德国哲学家黑格尔在其著作《美学》（出版于 1835~1838 年）中就曾论述过中国园林的造园手法："花园是一种绘画，让自然事物保持自然形状，力图摹仿自由的大自然。它把凡是自然风景中能令人心旷神怡的东西集中在一起，形成一个整体，例如岩石和它的生糙自然的体积，山谷、树林、草坪、蜿蜒的小溪、堤岸上气氛活跃的大河流，平静的湖边长着花木，一泻百下的瀑布之类"，而"中国的园林艺术早就这样把整片自然风景包括湖、岛、河、假山、远景等都纳到园子里"。德国园林史学家玛丽·路易斯·歌特在其《园林艺术史》（1913 年）中写道："世界上所有的风景园林，包括日本园林，它们的精神之源在中国"，而从园林植物角度看，中国因其丰富的植物资源而被称为"世界园林之母"。

行业标准《风景园林基本术语标准》CJJ/T 91—2017 中对"园林"的定义是"在一定地域内运用工程技术和艺术手段，创造而成的优美的游憩境域"。结合中国园林的发展过程来看，从某种程度上可以说园林是城市化的产物，园林的产生、发展与城市自然环境、社会经济以及历史文化变迁等密不可分，正所谓"盛世兴园林"。

2. 关于公园

本书讨论的公园是以近代公共园林为主体，主要包括皇家园林、私家园林、向社会公众开放的历史名园，以及近现代新建的城市公园，也包括城市范畴内的郊野公园、森林公园、湿地公园以及各类主题公园等。《公园设计规范》GB 51192—2016 中"公园"的定义是向公众开放，以游憩为主要功能，有较完善的设施，兼具生态美化等作用的绿地；全国科学技术名词审定委员会审定公布《建筑学名词 2014》中关于"公园"的定义为供公众游览、观赏、休憩，开展户外科普、文体及健身等活动，向全社会开放，有完善的设施及良好生态环境的城市绿地;《风景园林基本术语标准》CJJ/T 91—2017 中对"公园"的定义是向公众开放，以游憩为主要功能，有较完善的设施，兼具生态、美化、科普宣教及防灾等作用的场所。

从上述较为权威的定义可以看出，公园是最为普惠的绿色公共产品之一，其核心是公共性，具有公益属性，其本质反映了自然、人文与人们生活的密切关系。

值得注意的是，"公园"一词在中国古代典籍中很早就出现了，历史上不同时期也出现过不同类型的所谓"公共园林"，但这些古代的称呼和今天我们所说的"公园"有着本质的区别。公园的产生可以说是脱胎于古代的园林，但是又不同于传统意义上的古典园林，而现在的园林概念也随着时代发展不断增加其内容，其性质和服务对象也发生了根本变化，但无论是园林还是公园，其文化层面的属性始终具备。

3. 园林文化

园林文化是社会总体文化的重要组成部分。园林是园林文化的载体，它承载着人类、社会、城市、自然与园林之间相互影响的信息，是物质文化、制度文化、精神文化、符号文化等的综合反映，这些与园林相关的综合就是园林文化。

中国园林文化在自身的发展过程中，对东西方造园理念和实践产生了广泛的影响。古代造园最为显著的特征就是其为一种文化活动，琴棋书画、诗酒花香、文学戏曲等通过古典园林这一特殊载体得以传承发展，历久而弥新，其实质表达的是中国人的文人精神和诗意栖居理想。这种文化层面的内容，在公园中传承不断，且其内涵不断增加。

4. 公园文化

公园文化的核心突出表现在中华文化的传承以及当代生态文明与公共属性上。我们今天讨论公园文化：一是要对历史名园在不同历史阶段所表现的主题以及对于文化传承、社会进步、民众生活产生的精神影响进行总结分析；二是要对近现代公园的产生、建设、发展，特别是不同的历史时期产生的文化主题与特征进行总结分析；三是要对面向公园城市建设这样一个历史命题，解读今天的公园文化建设核心要义。纵观公园的产生与整个发展过程，可以说公园是社会进步中产生的公共产品，体现了社会的公平，进一步讲，公园文化是当今宜居城市建设和公园城市建设中重要的内在促进因素。

公园文化凝结在物质化的公园中又高于物质化的公园之上，能够被传承和传播，包括与园林相关的思维方式、价值观念、生活方式、行为规范、艺术文化、科学技术等。公园文化作为一个公园区别于另一个公园的核心内容，有其不同的特色，但在规划设计理念、为民服务等方面也有其相通的地方。

公园文化是公园的灵魂，是推动公园发展的不竭动力，是人们建设和管理公园的指南，是传统而非一时一刻的做法，是长时间积淀并传承下来的。

在理解公园文化时，要着眼于探讨而不要纠结东西方公园文化的分歧，也不要纠结公园具体产生的年代，我们今天要关注的核心是当代公园的城市功能，从文化角度对公园进行深入的思考。按照文化建园、文化兴园的思路做好公园的规划、建设和保护发展，充分发掘历史和地域文脉，使公园成为提高社会公众文化修养、艺术素养、精神品位和幸福指数的重要内容。

1.2 公园产生与公园文化发展

公园作为一种为公众提供服务的开放公共空间，其出现反映了社会文明的进步，是城市近代化的重要标志之一。纵观从古到今公共园林的发展过程，由雅集到市集、由私园到公园、由达官贵族等少数人使用的园林到作为公众休闲游憩空间的公共园林，可以说公园的产生顺应了人类社会发展潮流，其发展有合乎逻辑的内在和外部因素。

1.2.1 近代公园的肇始

我国的公园从内容和形式等方面来说，可追溯到古代的公共游憩园林，这种公共型的园林虽然经历了漫长的发展过程，并且在传统园林体系中占有一定位置，具有公共园林的某些属性和特征，但并没有自发形成现代意义上的"公园"这一特定园林形式。中国近代公园是中国传统园林在近代社会转型发展的特殊背景下，受外来影响转型演变而产生。

进入近代以来，中国社会发生深刻变革，由闭关锁国的封建社会逐步沦为半殖民地半封建社会，人们思想观念的变化，生活方式的转变，以及源于西方的近代公园文化传入中国，这些因素都对城市公园的产生和发展带来深刻影响。早期中国的公园除了模仿西方近代城市公园形式与功能之外，也针对不同的需求开展了中西结合或继承中国传统园林的探索与实践。这一阶段出现的租界公园和经营性私园作为一种过渡形式，在一定限度上发挥了公园的功能和作用。由政府主导的市政公园建设，使公园这一全新的游憩场所和活动空间在中国产生并蓬勃发展了起来，成为公园初创时期乃至公园蓬勃发展时期的主流，这些公园在造园艺术上虽受"西风东渐"的影响，或多或少带有一些西方园林的风格特征，但更多的是基于我国传统园林的技艺与手法而建，并随着时代观念及社会变化而不断发展，形成了丰富多样、特色各异、百花齐放的风貌。

近代我国一些沿海港口城市如上海、广州、宁波、天津等地，相继成为对西方列强开放的通商口岸，在城市范围内划定有不同国家的租界，在租界内各国修建了各自的公园绿地，即租界公园。1868年8月8日，由上海工部局监督管理，在原先英国驻沪领事馆前，两面临江的一块涨滩地上建成的公共花园（Public Park）正式对外开放，清政府时期将其翻译为公家花园或公花园（图1-1），这是第一座租界公园，即外滩公园，也就是现在的黄浦公园。也有研究者认为外国在华最早开放的公园是1580年始建、1861年对外开放的澳门迦思栏花园。其他的还有上海虹口公园（建于1905年，今上海鲁迅公园，图1-2）、法国公园（建于1908年，今上海复

图1-1 外滩公园（手绘）

图1-2 上海虹口公园（手绘）

兴公园）和兆丰公园（建于1914年，今上海中山公园）等一系列大大小小的园林。天津、武汉、广州等地的租界内也兴建了大量公园，如天津英租界的维多利亚花园（始建于1860年），日租界的大和公园（始建于1904年）等。

租界公园的规划布局多采取法国规则式和英国风景式两种，其中有大片草地和占地较少的建筑，其建设与发展体现了西方早期现代园林的公共理念和城市环境改造理念，由此带来了中国本土园林性质和功能的改变，从而改变了中国传统园林在近代城市中的功能和形象。在租界之内建造的公园作为新兴事物，自然引起了当时国人的兴趣，但由于近代中国积弱积贫，故虽是公共性质的园林，但在租界内建设的公园也不可避免地带来对华人不平等的待遇，虽然经过市民的不断抗争得到一定限度的缓和，但仍然满足不了民众日益增长的游览需求。上海外滩公园在建成后事实上并不对全体华人开放，其公园的《游览须知》中明确规定"华人无西人同行，不得入内"，这等于将大多数华人排除在外，上海士绅中有很多人对租界这种歧视华人的行为非常不满。1885年11月25日，《申报》刊载了上海华商致公共租界工部局的联名函，要求准许华人进入外滩公园游览。后来工部局迫于多方的压力，采用变通的方式另外选址新建造了一处公园，但这一新建公园在景观和设施等方面都远不如外滩公园，其建立也仅仅是为了平息社会舆论而已。正是在这种独特的社会发展背景下，城市中公园的发展在很大限度上受到制约，国内其他城市的租界公园也都经历了类似的遭遇。

上海、天津等城市开埠后逐步转型成为国内较早具有现代意义的大都市，其中的租界园林虽然开阔了市民的眼界，但由于其数量较少且自身管理模式等方面的局限而不能满足普通市民的游览需求，在这种特殊历史背景与社会环境下，一些具有超前意识的人士，开始利用自身的资源和条件寻求改变，由此城市中出现了一种独特的园林——公用私园，它们对社会公众开放，但产权属私人所有，以营利为目的。对于广大民众来说，这类私园具有一定的公共性，实际上扮演了公园的角色，成为不是公园的"公园"，这就是所谓的经营性私园，也称为营业性私园。

清光绪八年（1882年），上海的一些商人以股份公司的形式集资建造了兼具公园、游乐场、餐饮等多种功能的申园，这是一种经营性质的私家园林，在一定限度上具有公共园林的属性。该园以中上层社会人士为主要服务对象，开放不久即门庭若市，获利颇丰，于是众人纷纷效仿。在此后的十多年中，以张园、徐园、愚园等私家园林为代表，经营性私园进入鼎盛发展的时期。这些经营性私园利用自家原有的私家园林改造后对社会公众收费开放，也有新建的面向公众收费开放的私家园林。经营性私园随着社会的发展和经营者或者园主人经营理念的转变，逐渐成为城市中观光、游览和开展文化活动的中心，集中展示了社会转变期城市的现代化与多彩魅力，但它们并不是真正意义上的公园，也并没有成为公园建设的主流。经营性私园的所有权和经营权属于私人，在社会稍微动荡的情况下，大多数的园林不可避免地遭遇几经易主的命运，故经营性私园较之市政公园，其规划和管理更具有不稳定性。而传统私家园林在近代发生了嬗变，其中的经营性私园数量不多，在形式、内容和功能上呈现出明显的过渡形态，既有一定现代特征，但也很难去除传统思想认识等方面的羁绊，因此注定只是昙花一现。随着政府主导新建公园或国人自建公园逐渐增多，经营性私园慢慢地消失于历史的洪流之中，让位于市政建设的公园。

经营性私园作为特殊时期的产物，其本质上是一种典型的公园，其产生与近代中国社会的剧烈变动密切相关，而它的包容与开放的特点又为广大华人群体的活动提供了广阔空间与舞台；它所承担的社会功能及其社会影响也远远超越了普通私家园林，与社会变迁、政权鼎革紧密地联系在了一起。经营性私园从其独特的发展道路上看，在中国园林的近现代转折期有其重要意义，也具有鲜明的时代特征和独特的文化价值。

在近代特殊的社会文化背景下，受西方思潮的影响，真正意义上的公园在清朝末期开始出现。1879年，清代名臣左宗棠在肃州建成酒泉公园，以每年三月三、四月八、五月五、六月六、七月七、八月中秋特定的节庆假日向公众开放。著名实业家张謇主持做了南通城市规划，充分考虑了近代城市生态安全与发展需求，在城市主体功能区中以东、南、西、北、中5个公园作为整体框架，相互分割、互为联系，该规划被吴良镛先生称为中国第一个城市规划。张謇还主持修建了中国第一个博物馆——南通博物苑，其馆苑结合的园林式布局堪称典范（图1-3）。清朝末期最后一任江苏巡抚程德全，在黑龙江任职期间，以"边塞无佳境"为由奏请清廷拨付2万两官银，讨回俄领馆占用之地，于1904年开始建造"仓西公园"以与民同其乐，1917年改称为龙沙公园（图1-4），成为中国近代史上中国人

图 1-3　南通博物苑

自己建设的第一座真正的公园。1906年，无锡、金匮两县乡绅俞仲等筹集资金建设"锡金公花园"，这也是中国最早的公园之一，辛亥革命后公园得以扩建，定名为"城中公园"。这一时期，清政府农工商部在北京西郊建设农事试验场，内设动物园、植物园、蚕桑馆、博物馆、各式东西洋建筑、茶馆、餐厅、照相馆等，"博大富丽，包罗万象，为北京三百年来，中华二十一省，所没有见过的"。清光绪三十三年（1907年），农事试验场内的万牲园率先正式对社会公众开放，园门外设有售票处和寄存物件处，这就具有了现代公园的某些特征，并明确老师带学生实习免费，儿童、奴役减半。万牲园成为中国的第一座动物园，也就是今天北京动物园的前身（图1-5）。

公园的产生反映了近现代公共型园林的肇始和社会的变革与进步。早期的公园大多是在原有风景名胜或历史遗迹等基础上整理改建而成的，有

图 1-4　龙沙公园（仓西公园）古象亭

图 1-5　清农事试验场万牲园园廊

的原本是旧有的古典园林，也有的是在空地或农地上参照欧洲公园的特点而建造。这些公园建设的探索为其后公园的发展建设奠定了重要基础。因此可以说，租界公园出现、私园公用（经营性私园或营业性私园）和政府主导建设的公园齐头并进，开启了公园发展的新时代。

1.2.2　近代公园文化发展

近代随着社会的进步与发展，私家园林的功能开始发生转变但也日渐式微，私人造园受到西方的影响在规模和风格上发生了很多变化，皇家园林陆续开始对社会开放。公园作为一种新生事物在政府的推动和倡导下大量出现，成为近代城市文明的一种象征，是面向更大范围服务社会公众的重要公共空间，其突出表现是休闲活动空间、社会活动空间、政治活动空间等空间多位一体的整合，其带来了人们思想认识和生活方式的转变，这种全新的城市公共娱乐空间模式影响了传统私园的营造理念和园居生活模式，也影响了城市的格局以及城市公共空间的发展，公园开始作为城市生活的重要内容而不断向前发展。

1. 私家园林的嬗变

我国古代私家园林的建设带有浓厚的避世和隐逸等思想，是满足园主人在咫尺之地尽享山林意趣的私密场所，不对普通民众开放，只是允许园主人的客人入内游览，就是说对园主人和其"朋友圈"是开放的，因此私家园林的服务对象可以说是特定群体，虽然有一些私家园林也曾短暂对社会开放过，如著名的苏州留园。据清代钱泳《履园丛话》记载，道光三年（1823年），作为留园前身的寒碧山庄始开园门对公众开放，这曾在苏州轰动一时，来游者无虚日，门庭若市，但开放的时间并不长，也并未起到足够的示范作用。进入近代以来，私家园林不再是避世隐居的场所，传统造园理念中隐逸的成分逐渐淡化，园主人以开明、积极的心态建设私家园林，私家园林出现了公馆、别墅等诸多新的建筑类型，不少地区私家园林建设中出现了中西合璧的风格。经营性私家园林的出现是转型期园林的过渡类型，成为中国传统意义上私家园林营建之绝响。这一时期，虽然有的地区私园建设仍然兴盛，但总体上逐渐衰退，很多地区呈现出"老园破败、新园不继"的疲敝态势，这也与这一时期的社会文化背景密切相关。

上海地区的经营性私园比较典型，以愚园和张园为代表。在二园之前则为申园，其是"公一马房"老板用停车场改建的营业性综合游乐园，园内以中国传统园林布局为主，但其中的很多建筑物则是西洋风格。后申园停业，有人便在申园旧址上修建"愚园"（图1-6~图1-8）。1910年版《上海指南·卷五·园林》记载"愚园在静安寺路西首，赫德路（常德路）八号。入门，过小桥，见有一楼，楼前多乔木，有紫藤一棚，绝佳"。

这一时期，随着西方文化的传入，国内一些城市中营建了很多受西方风格影响的私家园林，即所谓的中西合璧的私家园林。这些园林在继承我国古典园林精华的基础上，对西方园林的审美理念、造园技艺以及造园材料等进行借鉴，融合了中西文化的精髓，成为呈现时代特征的重要案例。这些风格独特的园林或在园内某个局部点缀异域元素，如大草坪、西式喷泉、彩色玻璃等，或者是园内主体建筑采用西式风格，一反传统园林中亭台楼阁唱主角的布局，部分建筑和景观成为整座园林的"点睛之笔"，如上海张园建造的安垲第位于园子中央，是当时上海最为高大的西式建筑，楼高两层，中间是大厅，楼上楼下可容纳千余人（图1-9）。园林中开敞的活动场地和大型的建（构）筑物打破了幽曲安静的内向型园林空间布局，使之呈现出中西杂糅的格局，而山水、植物等园林部分多采用中国传统风格。

图1-6　上海愚园图（一）（1909年出版的《图画日报》）

图1-7　上海愚园图（二）（1910年）

图1-8　上海愚园老照片

这些中西合璧风格的私家园林，有一部分是对公众开放的经营性私园，也有一些私家园林真正地成为公共性园林。上海复兴公园的前身为顾家宅村顾姓人家的私人园林（顾家宅花园）和周边的农田。1900年，法租界公董局以 7.6 万两规银购入顾家宅花园及周边土地共 152 亩，将其中 112 亩租给法军建造兵营，即顾家宅兵营。1908 年 7 月，公董局董事会开始计划在兵营旧址上建造一座顾家宅公园。同年，造园工程正式开工，法国园艺家柏勃（Papot）受聘主持园林设计并兼任工程助理监督，中国园艺家郁锡麟负责设计，并责成公务处提出建设方案。公园于 1909 年 6 月建成，7 月 14 日正式对外开放，外国人称其为顾家宅公园，中国人则称之为法国公园（图 1-10）。公园以环境幽雅著称，有开阔的草坪以及中轴对称的几何图案化植物造型。园内设音乐亭、喷水池和沉床式花坛，浓郁的色彩大反差对比表现出典型的法国风格。

私家园林的开放既迎合了市民逐渐形成的公共娱乐观，又兼顾园林拥有者的商业利益。低廉的入园游资、灵活的价位使消费虽有高下之分而无尊卑之别，各阶层市民可以量入为出，于闲暇时入园一游，真正享受到公共娱乐所带来的游园体验乐趣。随着市民消闲娱乐由昔日岁时佳节偶一为之，变为每周每天都可能出游，日趋引导人们摆脱以往局促的家居环境限制，这在一定限度上也突破了封建尊卑等级的束缚。人们开始将生活的场景转向公共场所，尝试以市场消费为主导的近代城市生活方式，可以说与私家园林的开放密切相关，游园由此成为民国时期新生活运动的重要内容。

同时，经营性私园的园主人身份由过去的文人变为商人，他们更注重园林的实用价值，"经济"的概念已经渐渐超出于其他概念之上，为此

图 1-9　上海张园安垲第（手绘）

图 1-10　法国公园（1918 年）（手绘）

他们采取各种手段和方式吸引市民前来参观游览。为满足猎奇心态及都市生活的复杂性需求，动态性、参与性的娱乐活动功能开始在私园内出现并逐步得到强化。这种对公众开放的园林比起不准华人进入的租界公园和平时不对外开放的传统私家园林，其开放性和公共性显得弥足珍贵，在当时具有更为重要的现实意义。这些经营性私园不仅花木扶疏，山水相映，楼堂耸立，更吸引人的是其餐饮、游乐服务等项目也非常多，而且其中的娱乐设施在当时也非常完备和先进，可以说是达到了当时所能达到的较高水准，如营业性摄影、放映幻灯及电影、西方马戏表演等设施和项目都始于经营性私园，很多经营性私园内既有茶馆、饭店，也有剧院、书场、展览馆，还有体育场、游乐场、照相馆等，几乎可以满足市民的各种需求，可以说，清末民初兴起的综合性游乐场与这些经营性私园也有一定的渊源。

相对于传统私家园林的使用者主要为园主人，经营性私园的服务对象已转变为广大的社会公众。无论男女老少，中国人还是外国人，底层民众还是文人官僚，都可以入园参观。它的出现为市民提供了公共游赏的共享性绿色和文化空间，其作用和价值已初具现代城市公园的生态环境功能和景观游憩功能，园林的营建不再只是为少数园主及其亲朋享受城市山林的自然气息而独有，更是成为供城市居民娱乐身心、休闲放松、社会交际的理想去处，可谓"从繁华尘海中而忽得此清凉世界，宜人之乐于游憩也"。随着近代城市化的推进和社会文化发展，经营性私园日渐成为特殊时期都市生活中不可缺少的内容，与街头、里弄、商铺等公共场所一起日益融入市民的生活中，成为市民日常交往与沟通的重要平台。此外，受到西方文化的影响且由于东西方文化的差异和租界的缝隙效应，使得一些私家园林延伸出了集会演说等特殊功能。集会作为经营性私园内的一项重要内容，俨然成为社会各界的聚会场。由于集会功能与游艺功能的需要，经营性私园与传统私家园林相比，一个最大的不同还表现在主体建筑的设计上，这些经营性私园中一般有一个主体建筑，该建筑多为西式，往往建得比较高大，契合其多元化的使用需求。

2. 皇家园林开放

民国时期，传统的帝制空间秩序被打破，一些皇家园林经历了颓败之后得到修缮并陆续对社会公众开放。政府先后将一批皇家宫苑、坛、庙向市民开放，并逐步将其转为城市公园。最有名的当属北京由朱启钤倡导主持的中央公园建设,还有天坛、地坛、先农坛等皇家禁苑,皆作为公众活动空间而相继开放,这种转变实现了"封闭"到"公共"的变革,满足了市民对公园游览的需求。历代宫苑与曾经的禁地作为公园对社会公众开放,使城市公共空间出现了平民化的倾向,有些公园中甚至设置了专门的儿童活动区(图1-11)。

1912年,为纪念民国政府成立一周年,内务部古物保存所宣布将天坛、先农坛开放十天,"是日各处一律开放,不售入场券,望中外男女各界随意观览",这在当时的京城中引起了巨大轰动。这是官方第一次对民众开放皇家祭坛,京城百姓纷纷涌进昔日的皇家禁地,虽然并不是按照公园的标准建设和开放,但是为皇家园林向公园转变奠定了重要的思想基础。

1914年北京社稷坛被改建为中央公园,这是当时北京城内第一座公共园林,也是北京最早成为公园的皇家园林之一。1913年时任北洋政府交通总长(后转任内务部总长)的朱启钤在巡查时发现,社稷坛"地址恢阔,殿宇崔嵬,且近接国门,后邻御河,处内外城之中央,交通綦为便利",是开辟公园的最佳选地。经过一年的准备,1914年10月10日,即辛亥革命三周年纪念日那天,政府将旧时"社稷坛"改名为"中央公园"(即今天的北京中山公园),试行开放三天,接待市民参观(图1-12)。中央公园开放前进行了大面积整修,开辟了面对长安街的正门,凿开了东坛门的围墙,修成了月亮门的样式。1915年完成了唐花坞、大木桥、松柏交翠亭、投壶亭、碧纱舫、来今雨轩、春明馆、绘影楼、扇面亭、国华台、大鸟笼、格

图1-11 北京中山公园内儿童游乐场

图1-12 中央公园(唐花坞)

言亭等多座建筑的建设,以后又在园中添建了河塘、叠石和其他建筑,社稷坛的戟门也被改为殿堂,这基本奠定了公园的整体格局。1925年孙中山先生逝世,在园内拜殿(今中山堂)停放灵柩,举行公祭。1928年改名为中山公园,公园文化传承至今。

1912年,清宣统皇帝溥仪退位,颐和园作为皇室私产仍由清室内务府管理。1912年9月孙中山先生游览颐和园后,在中外人士的强烈要求下,民国政府开始与清室商议,拟允许部分中外著名人士和团体有限参观,1914年1月14日,清室内务府将颐和园改为售票参观,4月外务部、内务部、步军统领衙门和清室内务府商定:"于开放游览之中、寓存筹款之意",提出《颐和园等处售券试办章程》,规定从5月6日开始正式对社会售票。但游览的票价非常昂贵,非一般人所能负担得起,与同时期开放的中央公园比,离真正公园的标准相距较远,直到1928年颐和园才作为国民公园正式开放(图1-13)。

图1-13 近代颐和园

1912年,清皇室将北海移交民国政府管理,结束了其作为皇家御苑的历史,其后曾闭园10余年,在园内的建筑略经修缮后,1925年8月1日正式对外开放成为公园(图1-14)且对公众开始售票,是日虽微雨,但各界游人尚称踊跃,万国博览会公所筹备处设在静心斋。开放之初,公园董事会聘请留法园艺师李超然为公园顾问,在园内开辟花圃种植菊

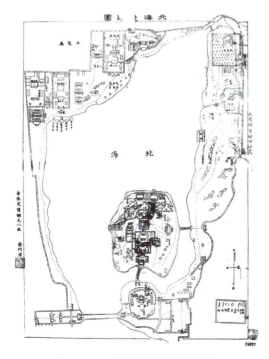

图1-14 北海公园游览路线图

花，而且北海栽植菊花的历史延承至今，北海公园"标本菊传统养殖技法"被评为西城区非物质文化遗产。

1915年6月17日，北京南城的第一座平民公园正式向市民开放，命名为先农坛公园，"入门票收铜元一枚，游览票收铜元五枚"。公园内开设了荷花池和养鱼池，从承德避暑山庄运来140头驯鹿开辟鹿苑，在太岁殿中设立茶社，殿前开辟秋千圃和抛球场，还有书画社、书报社等休闲娱乐设施，而礼器陈列所则可让参观者了解古代祭祀的历史，"又于二道坛内，沿路两旁及正殿松林隙地，杂植花草，其东偏桃林一带，约八九亩，均划为陈列花卉之所，红紫纷披，最堪娱目。并于东隅隙地，另辟菜畦，篱豆花开，宛然村落，可以领略田家味"，1917年改名为"城南公园"。

1917年12月30日，《群强报》发表《开放天坛》的通告称："天坛为历朝祀天之所，建筑闳丽，林木幽茂，实为都会胜迹之冠。外人参观向由外交部给予执照，而本国人士罕有游涉。今者内务部特将天坛内重事修葺，平垫马路，以期引人入胜。订于阳历新年一号，将斋宫、皇穹宇、祈年殿一律开放，任人购票游览。并拍照名胜处所，制成邮片赠送游客"，1918年1月1日，在民国政府内务部的主持下，天坛被辟为城市公园，正式免费向民众开放（图1-15）。地坛为古代皇家祭地之坛，1919年京兆尹在地坛内设立京兆农林总局，始开辟种植。1925年春，京兆尹薛笃弼将地坛辟作京兆公园。1928年夏，京兆公园划归北平市政府，改名"市民公园"。

此外，这一时期全国各地还有将旧官府衙门或庙宇等改建为公园的做法，或利用本地区的风景名胜区扩建为公园，或借助山水地形条件修建公园和择地新建公园等，这些公园的建设和开放极大地拓展了人们游赏的公共空间。从公园文化发展的角度来看，皇家禁苑和庙宇等作为公园对社会公众开放传递了这样的时代意义：一方面，封建专制制度的灭亡，封建等级制度尤其是特定政治身份消失，代表了一个旧时代的结束，一

图1-15 天坛老照片

个新时代的开始；另一方面，近代民主政治的建立，凸显了广大平民的主体地位和价值，公园的出现意味着平民活动空间和权利的扩大。除各地的官府衙门外，传统的具有浓厚政治色彩和封建秩序象征的皇家园林、庙宇、学宫等空间在民国时期作为封建落后的象征，常常成为城市发展中被改造的对象。由古代皇家禁苑等而来的近代城市公园作为城市改造的重要组成部分，被认为是建设新生活、进入新社会的重要标志，因此具有重要的时代意义。

3. 政府主导建设公园

公园作为一个新生事物在近代出现之后，逐渐走入了社会公众的日常生活，但是在这个特殊的历史阶段，早期数量较少的租界园林和经营性私园远远无法满足市民日益增长的需求，而兴建足够数量的公园显然是租界和个人经营者都无法完成的事情，城市里的大型园林的兴建离不开政府主导。虽然一些城市中名流士绅倡导建设公园，或者筹资建设公园，但也并不能形成近代公园建设的主流，如1905年由无锡一些名流士绅倡议并集资，在城中心原有几个私家小花园的基础上，建立了自己的第一个公园——"公花园"，该园不收门票，也不针对任何人设立门槛（图1-16）。正是在这样的时代背景下，由政府中一批具有国际视野的学者型官员倡导，由政府投资兴建的一批城市公园相继诞生，它们既是城市休闲、文化、政治、教育的多功能空间，也是普通市民、政府当局、社会团体等的重要活动场所，公园终于作为不可或缺的市政设施走上了历史舞台，与城市的关系越来越密切，开始在人们生活中发挥着越来越重要的作用。

进入20世纪以后，西方的民主思想对中国的影响越来越大。为了寻求救国的道路，西方的民主思想、民主制度被进步人士拿来作为救国救亡的武器，"科学"和"民主"得到大力宣传。自1905年孙中山先生提出"三民主义"以来，民主与共和开始出现在人们的视野中并为越来越多人所接受。

随着资产阶级民主思想在中国的传播，清朝末期和民国时期政府对公园的推

图 1-16　1905 年修建的无锡公花园

崇及社会舆论对公园的提倡，使民众对公园的认识逐步加深，对公园等公共活动空间需求不断增强。公园的本质是为大众服务，是一切人平等享受的场所，是所有人劳动之余休闲娱乐的场所，而在近代以前很长一段时间里，平民百姓少有公共活动空间，其拥有的大多是茶馆、庙会、街道等场所，公园这一新型公共空间的"公众拥有的性质"自然得到广大平民的认同。公园的功能可以调剂人民生活，给予其精神安慰和使其心情舒畅，因此政府始终将城市公园的规划建设视作改善民众生活方式的一项重要内容。可以说在民主思想潮流的影响下，以政府为主导的公园建设在全国范围内展开，公园的建设得到了大力发展，公园文化不断被赋予了时代特征和文化内涵。

从公园的建设理念和风格来看，19世纪20年代，政府主导建设的公园着眼于城市的市民，很多城市的公园采取了中西合璧的风格。即造园大多沿袭传统园林的风格，对西式园林风格有一定的融合，布局则充分考虑市民休闲娱乐空间。同时，将部分传统私园及洋人花园收归国有，开放成为全民共享的公园，也有引进新的理念建设的公园，如当时的广州，在市长带领下引入了科学的规划思想，城市中兴建了许多公园，这些公园都发挥了重要作用。

"中山公园"作为城市公园的一个缩影，其发展的过程在很大限度上代表了城市公园的演变过程，全国新建、改建了一百余座中山公园，象征着民主的胜利。以北京中央公园改称中山公园为代表，湖北的武昌首义公园、汉口中山公园、襄樊中山公园，1930年代沙市的中山公园、光化县的中山公园等均具有相当规模。"公园之设，所以供人流连娱乐，似乎无关紧要，不知娱乐之一事，最与人之心理及道德有关，正当之娱乐，其足以收移风易俗之功，大于教育。振兴市面提倡公义，改良风俗，辅助社会，其利益实非浅显"。中山公园建设充满着浓厚的政治色彩和规训民众的意图，"实行中山主义，提倡中山主义，建设中山公园"，乃因"中山先生之伟大人格，革命精神，足为吾人之模范，现在先生虽死，先生之精神未死。吾人为先生永留纪念先生之"（图1-17~图1-20）。

辛亥革命后，"天下为公""平等""博爱"等民主思想也逐渐反映在城市的建设中。不少进步人士极力宣传"田园城市"的思想，倡导筹建各种类型的公园，或者募资建造公园，这些公园很多都免费对公众开放。此外，在私家宅园、官署庭园进一步发展的基础上，以民间建设主体的一批向公

图 1-17　济南中山公园

图 1-18　厦门中山公园

图 1-19　武汉中山公园

图 1-20　深圳中山公园

众开放的近代城市公园相继诞生。公园建设除了得到地方人士的倡导外，政府当局将其纳入市政建设范围，在制度、资金上为公园的发展提供了保障，这也为公园文化的发展奠定了重要基础。

4. 近代公园文化特点

平民化与普惠性是近代城市公园的基本特征和文化属性，公园的平民化是民国时期公园建设的发展方向，公园是为平民大众服务的，是人人平等享受的公共场所，体现了民主、平等、普惠的近代先进文化。启发民智和规训民众是近代公园得以发展的重要推动因素，也是国家和政府极力建设公园的主要目的，民国时期大规模公园的兴办和建设正是以启发民智和规训民众为契机，推动了市政公园的发展进程。各地大力兴建各种类型公园，很多地方的市政建设更是将公园列为标志性项目，为市民提供独特的场所和空间。许多公共服务设施与文化设施设置于公园内部，包括游乐场、美术馆、足球场、图书馆、篮球场以及博物馆等，以提高广大民众的素质，满足市民对于新生活的需求。此外，很多城市的公园在建设过程中，政府还针对当时情况主导制定了市民守则和相应的游园规则。在这一时期的公园中，当时的政治理念、革命思想等大多以纪念亭、纪念碑的形式呈现出来，目的在于对城市公园作为公共空间的意识形态功能进行强化。

公园在近代出现后，作为服务公众的城市设施，离不开专门的公园管理者或管理机构。清朝末期民国初期已有各种公园辟设，随后专门负责公园管理的行政管理机构及相关的政府管理部门先后诞生。相比于个人和社会组织，政府层面的市政机构承担公园建设，以公共权力为制度依托，以公共利益为责任，可以更好地解决公共问题，维护与实现公共利益。例如，北京先期开发的中央公园归北京（北平）市公署管理，但其策划建设、经营管理以及经费筹措都由民间承担，具体负责者是公园的董事会，董事会由社会各界人士组成，另设评议部和事务部执行具体工作；1921年广州市公园业务由市工务局工程建筑课、工程设计课兼管，1933年广州市政府成立园林委员会，管理公园事务，同年通过了规划新建12处公园的决议案。在公园建设和发展中，管理团队和管理模式也在不断调整以适应公园的快速发展。

在公园建设的理论方面，行业管理者、专家学者等不断探索、思考、总结，很好地促进了公园的发展。1928年陈植先生完成《都市与公园论》的编著，其中总结提出"都市公园理论"，从公园的功能、计划、设计、经营、财政、设施6个方面进行系统而全面的阐述。他认为，公园所具有的功能在满足运动、游憩需求、精神享受的同时，也要保证城市的卫生改善以及安全防灾，休养公园的主要功能是"供公余食后，三十分或一小时间之休养以运动筋肉，慰藉市民之心神为主旨"；对于公园之计划，他提出因地制宜地选取公园形式的思路；在公园的设计中，以民众性与自然美为设计原则的核心，以公园形式的选定为设计方针的根本；在对公园的经营中，借鉴了美国公园委员会的制度，对国内的都市公园进行有效的管理；在公园的财政及设施建设中，提出从利民的角度出发，呼吁提高民众的健康水平及道德意识。从他的著作中可以看出，陈植先生所提出的公园理论，融合了中国的传统理念与西方现代园林设计理论，阐述的角度新颖全面，对于中国近代公园的建设有着重要指导意义。陈植先生在《都市与公园论》中还论述了公园在城市中的重要地位："公园为都市生活之重要设施，公园之于都市也，其重要一似肺之于人，窗之于室然"，他认为"公园为造园学分科中的公共造园（Community Landscape）之一；以内容种类之异致，故简单定义之叙述綦难"。在陈植先生看来，近代公园的功能区别于古代公园，已远远超出单纯的游乐和休闲范围，它同时也具有教育、经济、政治和文化等多种功能，如"市民的身心休养、国民保健及公众卫生、民众运动、防灾、国民的教化以及国家经济、都市美观"。他极力主张改变中国公园收费旧习，免费向公众开放，"世界各国，公园游览，类不取资，而我国公园则反是……"陈植先生的《都市与公园论》对我国近代城市公园的建设发展起到了重要的指导作用。1929年，江苏农矿厅在林政会议上提议"筹设太湖国立公园"，并派人"勘验地址、设计筹划进行"，这是中国第一次提出国家公园的建设计划。时任设计委员会委员的陈植先生，受托负责太湖国立公园的规划设计工作。同年，陈植先生将太湖国立公园规划设计的主要内容编纂成《国立太湖公园计划书》，在农矿部林政司发行，并于1930年公开发表，这是中国首次独立进行的国家公园实践（图1-21）。1935年，国民政府收回了原为英租借地的庐山牯岭，计划辟为国家公园。20世纪40年代，国家公园的建设提案继续增加，相继提出了五大莲池（1943年）、南岳（1946年）、西湖（1947年）、水桓霸（1948年）等国家公园建设计划。

图1-21 陈植《国立太湖公园计划书》

近代社会经济发展和城市化的快速发展是公园产生的前提和基础，而建设公园是城市发展和社会进步的必然趋势，也是市民群众身心健康发展的需求，公园的设立推动了城市政治、经济和文化的发展，是市民展示丰富社会生活的平台，享受公共文化服务的重要空间和场所，同时也生动地记录了城市发展变迁的历程。脱胎于传统园林的城市公园，在传承了古典园林的基本设计、造景技艺和理念的基础上，公园文化中从近代就开始融入了民主、科学的发展成果，体现出迥异于传统园林的开放性、包容性或大众性等诸多特征。这些早期的市政公园有些在战争中被毁坏了，有些保留了下来，成为重要的历史文化遗产，但它们的兴建无疑为其后各地城市公园的进一步演进和发展奠定了重要基础。

1.3 公园文化体系雏形渐成（中华人民共和国成立至改革开放前）

1.3.1 公园建设渐成体系

中华人民共和国成立之初，百废待兴，国家非常重视园林绿化尤其是公园的保护、建设和发展，公园进入一个新的发展阶段。早在1949年3月，毛泽东主席在颐和园景福阁（图1-22）听取公园管理者的汇报后说："过去我们在山沟里打游击有经验，进了大城市搞公园就不行了。没有经验，要学会管理公园。不会，要向老工人学习嘛，从没有经验到有经验，先把原有的公园管好。过去的公园是地主资产阶级悠闲人士逛的，劳动人民一没有钱，二没有时间逛公园。我们今后还要建设许多新公园，让劳动人民都能逛公园。在劳动之余，有时间在公园休息娱乐，消除疲劳，再回到工作岗位上，为国家做更多的工作。"这段话具有非常重要的指导意义，奠定了我国公园发展为人民的工作基调，也标志着公园发展新阶段的开始。

中华人民共和国成立初期（1949~1952年），国内各城市积极恢复整理或充实提高旧有公园、改造开放私家园林，原来供少数人享乐的场所也被改造为

图1-22　颐和园景福阁

供广大人民群众游览、休憩的园地。1951年毛泽东主席发出"绿化祖国""大地园林化"的号召,各地开始兴建"人民公园",象征着人民当家作主时代的到来。1952年我国成立中央人民政府建筑工程部,下设城市建设局负责城市建设工作,同年召开的全国城市工作会议,划定了城市建设的范围,其中第五项就是城市的公园绿地建设。1956年我国成立国家城市建设部,召开城市建设工作会议,提出城市绿化工作的方针与任务,在城市普遍绿化的基础上,逐步考虑公园的建设。北京1950年代设立了公园管理委员会,结合治理城市环境,兴建了一批城市公园。1959年北京市一次划拨42块土地用于公园绿地建设(图1-23)。上海市提出"为生产服务,为劳动人民服务,首先是为工人阶级服务"的城市建设方针,修复、改建、新建一批公园。这一时期,受苏联专家的影响城市规划绿化基本上采取"苏联经验",包括园林专业课程设置也是苏联的叫法"居住区域城市绿化专业"。除了兴建人民公园,为了纪念为中华人民共和国成立付出生命的烈士,各地建设了一批"解放公园""烈士陵园",同时在城市主要公园内建造烈士纪念碑、广场等(图1-24)。

随着我国第一个国民经济发展五年计划的实施,"城市园林绿化由恢复进入有计划、有步骤的建设阶段"。随着国民经济从复苏到发展,全国各城市结合旧城改造、新城开发和市政工程建设,出现了很多新建公园。同时,公园被确立为开展社会主义文化、政治教育的一个宣传教育阵地,倡导在"自然环境中,把政治教育工作同劳动人民的文化休息结合起来",公园同时也是文化保护、传承、宣传、利用的重要平台。保护革命文物、设置主题雕塑、举办科普展览成为这一时期公园建设和发展中的常见举措,如成

图1-23 1959年北京市一次划拨42块土地用于公园绿地建设文件

图1-24 郑州烈士陵园(始建于1955年)中的纪念碑

都人民公园中留存和保护了"辛亥秋保路死事纪念碑",哈尔滨斯大林公园中新设置"少先队员"群雕等。此外,公园中举办的各类文体活动也时常反映政治取向、配合社会教育的需要,如 1950 年代后期,因学习苏联经验而盛行跳交谊舞,北京陶然亭公园(图 1-25)、合肥逍遥津公园、哈尔滨文化公园(图 1-26)分别于 1955 年、1956 年、1958 年在公园内建设了舞池;再如公园儿童游戏区的滑梯常以红军"二万五千里长征"为造型主题,以此寓教于乐,让游人体验革命文化;1956 年,上海市动员全市市民一锹一镐建设了银锄公园(今长风公园)(图 1-27),改造开放一批资本家私有用地;乌鲁木齐市发动群众建设了红山公园(图 1-28);各地将过去私有园林以及马场等改造建设成人民公园;各地兴建大批以人民公园为主题的公园,其中天津人民公园是毛泽东主席唯一题字的公园(图 1-29)。

不仅如此,公园也成为物种保护、研究与利用的重要场所。这一时期动物园、植物园等专类园的建设也随之兴起,1955 年北京动物园正式命名,

图 1-25　北京陶然亭公园中红色主题滑梯

图 1-26　哈尔滨文化公园

图 1-27　上海长风公园

图 1-28　乌鲁木齐红山公园

这是在清农事试验场基础上建设开放的专类公园；中华人民共和国成立之初十位青年科学家怀着对祖国未来美好的向往给毛泽东主席写信建议建设国家植物园，青年科学家的建议得到毛泽东主席、周恩来总理的高度重视，1959年国务院批准建立国家植物园，北京市与中国科学院成立联合机构开始征收土地，规划建设北京植物园（图1-30）。各省市也陆续开始建设植物园、动物园，还兴建了主题鲜明、功能定位独具特色的诸如烈士陵园、儿童公园等专类公园。由此，公园建设渐成体系，包括综合性公园、专类公园、游园等。

图1-29 毛泽东主席题字"人民公园"

1.3.2 公园建设曲折发展

在三年困难时期，城市建设和公园建设速度减慢，与此同时国家倡导"园林结合生产"，一些经济植物成为城市绿化和公园绿化的树种，公园建设和管理出现了农场化和林场化的倾向。尤其是"大跃进"期间，各地发动群众进行义务劳动，天坛公园范围内栽植了大量果树，果树间实行套种，圜丘西南果树间作草莓畦（图1-31），很多植物园也转向在其中栽植具有经济价值的树种。这个时期国内城市中也出现了结合城市卫生运动或疏浚

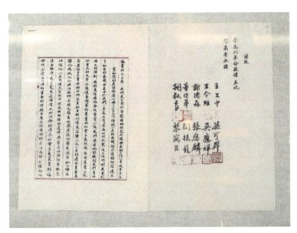

图1-30 批准建立北京植物园的文件

图 1-31　天坛公园栽植果树

图 1-32　上海长风公园

图 1-33　广州流花湖公园

工程挖湖堆山的公园建设，新建了上海长风公园（1959 年）、广州流花湖公园（1958 年）等一批"以山水风景为主的休闲公园"（图 1-32、图 1-33）。在这一阶段的公园建设中，政府号召全民参与，义务劳动成为公园建设中一种常见的形式，既体现了人民群众合力建设家园的新气象，又使人们对劳动成果产生心理认同与归属感，这在一定限度上也反映了"社会主义特色"，公园文化方面具有典型的时代特征。

总之，从全国范围的公园建设来看，这一时期"园林结合生产"被提升为"社会主义园林"建设的必然要求，"园林结合生产大有可为"，成为这个时期公园文化的重要特色。

1.4 公园文化的传承发展

1.4.1 公园建设新起点

1978年12月，国家城市建设总局召开了第三次全国园林工作会议，为公园建设走上正轨铺平了道路，在此基础上，全国上下转变思想，统一认识，更多从文化角度、民生角度和生态角度思考公园建设问题。园林绿化建设逐步从传统园林扩大到城市绿化领域，又扩大到风景名胜区保护、规划、开发、利用的领域，逐渐明确了城市园林绿化的功能和建设宗旨，逐步恢复建立了各级城市园林绿化组织管理机构和科研教育机构，城市园林绿化建设走上了规范、持续、健康发展之路。这次会议对于园林行业、对于公园建设发展都是一个重要的里程碑。

这次会议提出了一系列的决议，其中两条关键的决议促进了公园事业的蓬勃发展：第一，恢复被破坏的公园及建立风景区名胜区制度。各城市除了整修在"文化大革命"中遭受破坏的公园之外，还新建了不少公园，改建、扩建了部分公园，较大幅度地增加了公园的数量，提高了质量及建设速度，如1956年辟建的杭州植物园，经历了十年瘫痪状态后，全园各项事业得到了全面发展（图1-34）。风景名胜区作为一种类似于美国国家公园的体制也得到了确立和发展，1979年3月，国务院国发〔1979〕70号文件明确了风景名胜区的维护与建设由城市建设部门管理。1981年2月，国家城市建设总局联合国务院环境保护领导小组、国家文物事业管理局、中国旅行游览事业管理总局，向国务院提交《关于加强风景名胜管理工作的报告》。1982年经国务院批准，产生了我国第一批44处国家重点风景名胜区（National Park）。1985年6月，国务院颁布《风景名胜区管理暂行条例》，明确风景名胜区是国家依法设立的自然和文化遗产资源保护区域，具有生态保护、文化传承、审美启智、科学研究、旅游休闲、区域促进等综合功能，以及生态、科学、文化、美学等综合价值。第二，各地大力建设街头绿地游园，促使许多城市利用环城或环护城河的地段建成公园绿地，产生了环城公园这一别具特色的公园形态，其中以安徽合肥的环城公园为典型

图 1-34　杭州植物园　　　　　　　　图 1-35　合肥市环城公园

代表。合肥市环城公园的建设始于20世纪50年代，1984年合肥市在环老城区的旧城墙基础上全面展开公园建设。环老城区的多功能开放式公园有着城市"翡翠项链"的美誉（图1-35）。

1986年，城乡建设环境保护部在湖南衡阳召开第一次全国城市公园工作会议，这是第一次以公园为主题的全国性会议，会议印发了《全国城市公园工作会议纪要》，总结了中华人民共和国成立以来全国城市公园发展的经验和教训，提出了进一步加强城市公园建设的意见，会议指出要"以植物造景为主来进行园林建设"。与会专家认为"园林建设应少搞建筑物"，要以"自然美"为主旨，"在人工建设的城市中再现自然"。随着改革开放的不断深入，一些西方近现代园林的规划建设理念逐步影响中国的园林绿化建设，城市绿地更加注重生态功能，公园建设逐步发展而呈现出多样化的趋势，一些新兴的公园绿地开始出现，如郊野公园、森林公园以及各种主题公园，北京石景山雕塑公园和双秀公园等就是这一时期典型的城市公园代表。从这些公园的建设来看，公园文化的所体现的主题和所蕴含的内容越来越丰富，但同时也对于中国传统园林文化的保护传承带来了挑战，而公园发展过程中守正创新也是必由之路。

北京石景山雕塑公园是20世纪80年代新建的第一座雕塑公园，1985年建成开放，在当时中国园林界居首开先例，是一座以植物造园、雕塑造景相结合的艺术园林，园内有五十余尊雕塑，散布在亭台水榭之中，公园中其他建筑物则几乎没有任何刻意的装饰，展现了一种自然与雕塑艺术相互映衬的独特之美，1987年石景山雕塑公园被评为"北京市优秀新园林"，成为市民喜闻乐见而又乐于享受其中的公园之一（图1-36）。

图1-36 北京石景山雕塑公园中市民健身

北京双秀公园于1984年建成开放。公园由中式园林和日式园林两部分组成,是北京市唯一具有日本风格的公园,以水秀山清著称,因其包括日式"翠石园"和中式"荟芳园",故取名为"双秀公园",山石等建材是日本友人所赠。园内建筑造型古朴,别具韵味的亭、桥、中堂依山傍水,池中龟岛、鹤岛象征吉祥(图1-37~图1-40)。

随着城市化进程快速推进,城市公园逐渐成为市民生活中主要的绿色开放空间甚至是不可或缺的"第三空间",成为居民休闲游憩、交往沟通、文化教育等的场所,同时也发挥着美化城市环境、改善区域小气候、提供避难场所等作用,是人们与绿色

图1-37 北京双秀公园中的假山水池

图1-38 北京双秀公园中的园路与凉亭

图1-39 北京双秀公园中的凉亭

图1-40 北京双秀公园中的桥

自然接触最直接的城市空间,是城市整体环境水平和居民生活质量的重要指征性指标之一。如今,城市公园已经不再是城市建设中"锦上添花"的内容,而是"雪中送炭",是必不可少的基础内容。孙筱祥先生在其教材《园林艺术与园林设计》中明确写道:"园林是社会的上层建筑,反映社会的意识形态。园林又是为人民群众服务的,必须具有正确的政治立场","园林必须为无产阶级政治服务,为劳动人民服务",这反映了公园的社会文化属性。

天津水上公园于1951年7月正式对游客开放,成为当时天津最大的公园,备受市民喜爱,也因其极具天津个性与特色、极具永久的存在价值、极具优美意境、极具环境和谐美,有景可看、有史可叙,有情可抒(图1-41),1989年被天津市民评为"津门十景"之一,被命名为"龙潭浮翠"(图1-42~图1-44)。

图1-41 天津水上公园的建筑

图1-42 天津水上公园的游乐设施

图1-43 天津水上公园的滨水景观

图 1-44　天津水上公园的雕塑景观

图 1-45　上海人民公园（手绘）

上海人民公园刚开园时，由时任上海市市长的陈毅同志题名，公园免费对外开放后因游人太多、拥挤而改为团体游览，但最后还是重新对所有游人开放。公园开放后曾举办了上海解放后第一个全市性的花卉展览会，即 1982 年以提高和交流菊花品种的栽培技术为宗旨，由中国花卉盆景协会、上海市绿化委员会和上海市公园管理处联合主办的"中国菊花品种展览"，在社会上产生了很好的反响。此后，上海人民公园中还举办了大量的文化活动，充分体现了公园的社会文化属性和时代特征（图 1-45）。

1.4.2　公园文化蓬勃发展

1992 年起，国家开始全面推进"园林城市"的创建活动，极大地改善了各地城市人居环境，公园也由此进入蓬勃发展的新时期，各地投入大量资金来兴建公园绿地（图 1-46~图 1-49）。进入 21 世纪之后，公园发展更是呈现出百花齐放、百家争艳的态势，公园的建设和发展取得了巨大的进步和令世人瞩目的成就。

总体而言，1992 年开启国家园林城市创建以来，我国公园建设无论是数量和规模、类型和风格，还是在设计创新、经营管理以及与城市绿地系统相协调等方面，都得到了长足的进步，对改善城市环境，提高城市居民生活质量具有重要意义：一是各地从城市规划源头开始反思过度开发给城市环境带来的灾难性破坏，都在积极探索如何通过合理增绿和完善绿地布局来避免大城市病蔓延丛生；二是注重绿地系统性、绿地总量的同时，更

图1-46 园林城市（福建龙岩）

图1-47 园林城市（新疆石河子）

图1-48 园林城市（江西赣州）

图 1-49　园林城市（辽宁葫芦岛）

加关注公园绿地对于人居环境改善、对于百姓生活品质提升的普惠性与公平性，"300 米见绿，500 米见园"已成为基本共识。公园对于城市品质形象和影响力提升、对于百姓多维需求的满足、对于城市生态环境的改善等综合功能日益凸显，公园在城市中的重要地位也得到全社会的认可，公园体系的构建已成为各地城市建设、城市更新的主要内容。与此同时，公园的法规建设取得重要进步，管理水平显著提高。公园的数量和质量都有了质的飞跃。2006 年，建设部评选出第一批国家重点公园，包括北京的颐和园（图 1-50）、天坛公园、北海公园、动物园等以及苏州拙政园、留园（图 1-51）、网师园等。其中颐和园、承德避暑山庄和苏州园林还被联合国教科文组织列为世界文化遗产，第二批国家重点公园中还有扬州瘦西湖、无锡寄畅园等著名历史园林（图 1-52）。当前，公园正以一种宏大叙事的姿态出现在世人面前，从功能上几乎涵盖了所有可能，如游憩、生态、锻炼、社交、美化、低碳、避震、减灾、文化、教育、科研等，成为解决环境问题、社会问题、民生问题的"良方"。文化上也担负起地方历史和文化传承等多方面的重任，成为地方的重要文化品牌，经济上则承担起以环境特色招商引资、吸引人气等功能。

图 1-50　颐和园历史建筑

图 1-51　苏州留园

图 1-52　无锡寄畅园

这一时期，北京形成了以历史名园为核心的公园体系，上海、广州等城市也都建成了完整的公园体系，深圳全方位、多层次营造公园之城。2019年成都市开始打造公园城市，随后湖北、广西、上海、北京、深圳、青岛等诸多省、区、市都在积极探索公园城市建设，这些实践为公园文化的蓬勃发展注入了新的活力。2022年2月10日，国务院发布了《关于同意成都建设践行新发展理念的公园城市示范区的批复》，要求示范区建设要着力厚植绿色生态本底、塑造公园城市优美形态，着力创造宜居美好生活、增进公园城市民生福祉，着力营造宜业优良环境、激发公园城市经济活力，着力健全现代治理体系、增强公园城市治理效能。公园城市建设奏响了新时代城市环境的华美乐章，成为新时代环境建设的最强音。

1.5 公园城市的文化建设

公园城市是在新时代背景下，城市建设领域的首创，是解决城市发展问题的中国方案，具有明显的创新性，但其思想渊源却由来已久，早在春秋时期，管仲在《管子·霸言》中便提出了"夫霸王之所始也，以人为本，本理则国固，本乱则国危"的论述。从"与民同乐"到"园林共有"，从坚持"以人为本"的科学发展观，到"以人民为中心"的思想，均体现了为人民谋福祉的中华文明人本观在当代中国的传承与发扬。

1.5.1 公园城市的时代特征

1. 公园城市的提出

人民对于美好生活的向往，就是我们奋斗的目标。2018年2月，习近平总书记在成都视察天府新区时提出公园城市的理念，同年4月在北京参加义务植树时，习近平总书记指出："一个城市的预期就是整个城市就是一个大公园，老百姓走出来就像在自己家里的花园一样。"

随着城市化快速发展带来日益严重的环境问题，人们开始反思城市的规划问题，积极探讨城市中人与环境的关系。"公园城市"的提出奏响了新时代中国特色社会主义城市宜居环境规划建设新的美好乐章，其核心体现了"以人民为中心"的习近平新时代中国特色社会主义思想，体现了我们党全心全意为人民服务的根本宗旨。习近平总书记提出"公园城市"理念之后，各地都积极响应并开展实践探索，各相关领域专家学者也都在积极思考、研究这一命题。成都市提出关于公园城市六点核心价值论述：绿水青山的生态价值；诗意栖居的美学价值；以文化人的人文价值；绿色低碳的经济价值；简约健康的生活价值；美好生活的社会价值（图1-53）。扬州市提出"公园是城市公共基础设施，它不是一种标志，而是一种标配，就是政府对人民提供的基本公共服务，不能简单地以经济利益来衡量"，由此可见，公园城市建设不仅仅是民生工程、民心工程，还涉及城市生态环境、公共空间、社会关系、城市安全、社会经济发展等诸多问题

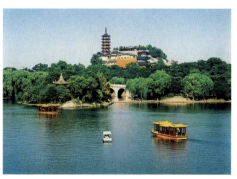

图 1-53　成都市天府新区"1436"创新实践　　图 1-54　扬州瘦西湖

(图 1-54)。

　　从社会发展的角度看,公园城市的理念第一体现了社会进步。"人民对于美好生活的向往,就是我们的奋斗的目标","公园城市"必将成为引领未来城市规划建设的新模式。第二体现了社会的公平。公园是最普惠的公共服务产品,是最公平的绿色福利,体现了人与自然和谐共生的城市发展内在需求。作为影响美国近代历史 100 位人物之一,被称为"美国风景园林之父"的奥姆斯特德 1896 年在波士顿"公园问题公众听证会"上说过,公园应该属于人民。因而每一个常去公园的男人、女人和孩子都能说:"这是我的公园,我有权在这儿。"第三体现了国家的强盛,即"盛世兴园林"。从中华人民共和国成立初期到改革开放以后,人民生活水平得到了极大的改善,随着国家"园林城市"推进,城市生态环境得到了极大的改善。党的十八大之后,住房和城乡建设部深入贯彻落实习近平生态文明思想理念,提出"300 米见绿 500 米见园"的绿色基础设施建设目标,促使全国上下城市人均公园绿地面积快速提升,显著提升了老百姓的幸福感、获得感和身心健康指数。第四体现了文化的传承。习近平总书记指出:"我们要坚持道路自信、理论自信、制度自信,最根本的还有一个文化自信"。"文化自信,是更基础、更广泛、更深厚的自信"。中国园林是具有生命力的文化形态。园林的发展历程反映了各个时代不同社会背景以及社会经济的兴衰,蕴含了多样化的哲学思想与文化理念,折射出了中国人独有的品格与人文精神。中国园林的灵魂是文化,今天以皇家园林、私家园林为代表的颐和园、拙政园等历史名园进入世界文化遗产名录就是一个很好的例证。

2. 公园城市的理念

公园城市建设的宗旨和目标就是构建人、城、自然生态（生态园林）三元互动平衡、和谐共生的生命共同体，即生态美好、生活幸福、生产高效，不仅追求经济增长速度，更加注重质量和效益；不仅关注社会经济发展水平，更加注重老百姓的获得感、幸福感和安全感；不仅要坚持以人为本，更加强调生态价值的体现和自然生态资源的合理承载，强调人的需求满足要基于自然，要坚守底线。

从人类文明发展的历史视角来看，公园城市理念具有源远流长的思想根源，早在农耕文明时期，无论是《易经》中对"天人合一"宇宙观的经典诠释，《道德经》中对"道法自然"生命规律的认知，还是《庄子》关于"以道观之，物无贵贱"的人与自然平等观的阐释，都与当下公园城市理念所倡导的人与自然和谐共生的城市发展观一脉相承。尽管在中国传统社会中，皇家园林与私家园林的存在代表了少数贵族阶层的需求，但是在历史的长河中也涉及园林公共化的开放和实践，这是难能可贵的。虽然我国古代先哲关于人与自然和谐共处的经典思想表达仅停留在哲学思辨层面，并未形成系统的城市发展规划理论，但是却为公园城市理念的实践与推广奠定了哲学层面基础，传统的园林文化也为公园城市建设提供了文化层面的积累。

公园城市的提出与当前中国经济社会发展现状也有密切关系。"公园"与"城市"的关系，在我国经历了复杂的历史变迁。古代园林以皇家园林、私家园林为主，除了少数公共园林外，缺少真正意义上的"公园"。清末到民国，一些仁人志士开始探索中国现代城市的规划建设。1906年，爱国主义实业家张謇主持编制南通的城市规划，以东南西北中五大公园作为总体规划的一个核心，并投资建设了中国第一家博物馆"南通博物苑"。南通的城市规划后来被吴良镛先生誉为近代我国真正意义上的第一个城市规划。1904年，齐齐哈尔市龙沙公园是程德全先生号召捐助的，是在收回的沙俄占领租借地上建设的，也是中国人自己建设的第一个公园。民国时期，在朱启钤先生的主持下，北京社稷坛成为第一个由皇家园林改造而成的对社会开放的中央公园，体现了社会的进步。孙中山先生去世后，各地兴建、改造建设了100余个中山公园。中华人民共和国成立后的公园建设在不同时期也受到一些外来思潮的影响。计划经济主导时期，受苏联影响公园绿地主要被视作城市建设和居住建设的配套用地，被当作"配角"；改革开放初期，经营城市的理念一时风靡全国，各地大兴商业地产开发，在一定限度上挤占了公共绿地空间，损害了市民群众的公共利益。

党的十八大以来，各级政府都认真总结了快速城镇化过程中的教训，特别是因单纯追求经济 GDP 而给生态环境、自然资源带来的掠夺性破坏。"美丽中国""绿水青山就是金山银山"等新发展理念相继提出，代表了中国人对未来美好生活新的向往与追求，也代表了绿色低碳可持续发展是未来城市建设发展的必由之路。2018 年 2 月，习近平总书记在四川视察天府新区时指出，天府新区是"一带一路"建设和长江经济带发展的重要节点，一定要规划好建设好，特别是要突出公园城市特点，把生态价值考虑进去，努力打造新的增长极，建设内陆开放经济高地。由此，公园城市开启了社会主义现代化城市建设的全新实践，作为全面体现新发展理念的城市建设新模式，为新时代城市规划建设重塑提供了新路径，为城市可持续发展提供了中国智慧和中国方案，在世界城市规划建设史上具有开创性意义。"公园城市"理念是对我国未来城市建设全新要求，这一新的城市发展理念将过去"在城市里建公园"转变为现在"在公园里建城市"，让城市、公园和生活其中的人共生共荣，形成生命共同体（图 1-55）。

图 1-55　成都公园城市建设

3. 公园城市的打造

公园城市作为新时代的新理念，在明确其内涵后，要积极探索它的实施路径和行动计划。公园城市的建设应以人与自然和谐共生等理论为基础，体现生态、生产、生活三位一体的社会价值，尊重自然与人文禀赋，因地制宜地建设山清水秀的生态空间、宜居舒适的生活空间、集约绿色的生产空间，形成具有地域文化、特色鲜明的安全开放共享空间。2022年2月10日，国务院批复同意成都践行新发展理念建设公园城市示范区（国函〔2022〕10号），奏响了公园城市建设新乐章。

从宏观尺度上，公园城市的规划要以建设"美丽中国"为愿景，认真贯彻"五位一体"国家战略，将以人为本作为出发点和落脚点，国土空间尺度上从保护自然生态系统原真性、系统性的角度入手，突出国土生态空间的大地风景美学价值，建立以国家公园为主体的自然保护地体系，统筹、优化布局国家公园、自然保护区与各类自然文化遗产公园；区域尺度上，公园城市应突出"城乡一体"的空间优化布局，自觉将城市融入自然，将山、水、林、田、湖、草、沙等生态要素空间引入城市空间，通过田园综合体、都市农业示范园等新型载体的建设，引导城市居民向往以田园风光为主的市域乡域休闲、游憩、消费体验；微观尺度上，以城市自然肌理为载体，科学构建城市绿地系统规划，构建包含不同层级、类别和功能定位、能够满足全民多维需求的城市公园体系，通过绿色空间与建筑、街区及城市各类功能区的有机融合，构建半自然的人工生态系统，打造"城在园中"的美丽、舒适、便利、安全、宜人的人居环境，让生活在城市中的人民犹如生活在花园中，有更多的获得感、幸福感和安全感（图1-56）。

按照"园中建城、城中有园、城园相融、人城和谐"的指导思想，构建由生态公园、森林公园、河湖田园等以自然基底为主体的市域绿色空间体系以及规划市区的城市公园体系，以城市绿地系统相连接，形成全民共享、覆盖全域、蓝绿交织的生态网络体系，实现市域生态化、市区人文化、市街景观化的公园绿地开放空间，让市民可进入、可参与、可享受、可监督，满足人民群众对美好生活的向往与需求。做好城市绿地系统规划，科学构建公园布局，做到规模得当、布局合理、尺度适宜、分布均匀。要注重公园品质的提升，特别是综合性公园，要满足生态、景观、文化、休憩与防灾避险的基本功能需求，加强公园的科普教育和自然体验功能，提高公园的规划设计、建设与管理水平。

图 1-56　杭州西湖与沿线公园

以城市双修为具体手段,通过生态修复与城市修补,改善市域市区生态环境,多途径地增加公园数量,扩容公园规模,优化城市绿地布局结构形态,特别是按照"15分钟社区生活圈"和"300米见绿地,500米见公园"的规划理念,提高公园绿化活动场地就近服务居民的空间覆盖率。按照城市更新的总体要求,优化城市功能空间布局,在老旧小区、中心城区最大限度地减少灰色空间,增加绿色空间,做好城市公共空间城市雕塑等艺术品的布局规划,对于拆迁腾退的用地留白增绿、见缝插绿,鼓励建设街心公园、口袋公园,改变老旧城区空间规模配比。

1.5.2　公园城市的文化传承

1. 历史名园价值

历史名园,是一个城市极具代表的文化符号,具有突出的历史文化价值。它们曾在一定历史时期内或某一区域内,对城市历史沿革变迁或文化艺术发展产生过重要影响,留下许多物质非物质文化遗产,是一个城市宝贵的物质与精神财富。历史名园在体现传统造园技艺的同时,一草一木,一砖一瓦,均蕴藏着丰厚的历史和文化信息,作为传统文化的载体和一种文化传承现象,其特殊的学术、科普、文化、教育价值进入国家、公众视野之中,是城市形象的金名片。

图 1-57　北京北海公园琼华岛

图 1-58　北京北海公园白塔

历史名园的文化价值第一就是见证历史。以北京北海公园为例，辽金时期在今天的北海琼华岛区域就开始了园林建设，至元代这里已成为一个都城的核心。根据相关研究与考证，明代的紫禁城就是以琼华岛（图1-57）为坐标定的中轴线，并开始成为真正的皇宫御园延续至今，清代乾隆皇帝在《塔山四面记》里详细地表述了琼华岛的历史沿革。可以看出，西苑三海中的北海作为中国乃至世界保存的建设年代最为久远的皇家园林，见证了辽金元明清时期园林的发展历史，也见证了其兴衰的过程（图1-58）。

历史名园的文化价值第二是家国情怀。皇家园林的建设很多与国家战略息息相关。如康熙时期建设的避暑山庄，最为主要的目的就是震慑与安抚北方外来少数民族，同时也象征了民族团结与统一，丽正门以蒙满藏汉维五种文字书写就是很好的例证（图1-59、图1-60）。避暑山庄借景磬锤峰（图1-61），坐拥热河（图1-62），其外围建设了八座风格各异的宗教寺庙——外八庙，以示对于民族、宗教的重视，在山庄内设置了蒙古大营来安抚蒙古这个历史上强悍的民族。外八庙最为著名的莫过于小布达拉宫，藏传佛教以及藏民族的信仰在这里得到尊重与传播，同时也体现了国家对于西藏的主权（图1-63）。

皇家园林的建设历来和都城的建设同步，今天看到的紫禁城与北京老城，其核心为"西苑三海"（图1-64），同时分布着天坛、地坛、日坛、月坛、先农坛、先蚕坛等，共同构成了古都的城市格局。三山五园的建设同样与城市建设密不可分，乾隆皇帝在建清漪园先后写了《昆明湖记》与《清漪园记》，明确记录了建园初衷是为了治水，在西边建设高水湖、养水湖作为调节水库。将瓮山泊拓展为今日昆明湖，引来玉泉山、西山诸泉作

图 1-59 承德避暑山庄丽正门

图 1-60 承德避暑山庄丽正门匾额

图 1-61 承德避暑山庄借景磬锤峰

图 1-62 承德避暑山庄（热河）

为水源，设闸开渠形成万泉河水系，供圆明园、畅春园与城市用水。昔日周边河湖泛滥没有稻田，现在经过疏浚治理，又在园内专门开辟了耕织图景区，效仿康熙皇帝亲自引进稻种在海淀广为播种成为皇家贡米，每逢收获季节，贡稻飘香，京西稻也成为"三山五园"（图 1-65）区域的有机构成与重要的文化符号传承至今，是国家宝贵的农业遗产见证。

历史名园的文化价值第三是文化传承。北海的阅古楼就将历代志铭的书法作品镌刻在石、镶嵌在墙壁上，这些书法作品都是各个历史时期的名家名作，很多与园林有关系，如王羲之的《兰亭集序》，还有快雪堂专门陈列书法碑帖。而濠濮涧则表达了庄子与惠子两位贤者在濠梁上的那段著名的对话内涵。这一主题被大量地运用在皇家与私家园林的建设中，如颐和园谐趣园的知鱼桥（图 1-66）、圆明园的坦坦荡荡、承德避暑山庄的知鱼矶、无锡寄畅园知鱼槛、苏州留园"濠濮亭"，就连福州的三坊七巷中一个小小的庭院里面不足 3m 的小拱桥上都刻着"知鱼乐处"四个字，反映了沿承自上古时期国人的哲学思想与生活态度（图 1-67）。众多的古典园林，无

图 1-63　承德外八庙（普陀宗乘之庙）

图 1-65　清人绘三山五园图

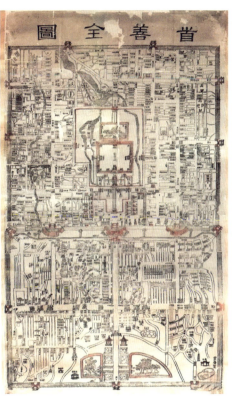

图 1-64　清代地图中的皇城与西苑三海
（引自《京津冀古地图集》）

图 1-66　颐和园谐趣园知鱼桥

图 1-67　园林中的"知鱼"典故

论是皇家园林、私家园林、寺观园林，都有琴、棋、书、画、诗、酒、花、香、文学戏曲等中国传统文化在其中传承，寄托了中国传统的人文精神。

2. 历史名园保护

一个城市的个性，不仅仅源于它的自然环境，更在于它的历史积淀、文化传承和地域风情。这些无形的文化资源财富，很大一部分沉淀在地方传统的生活方式、民俗和文化遗产中。这些传统和文化遗产是时间在空间中的延续，其中蕴藏着很多历史的记忆，承载着人们对故乡的记忆。不管是历史名园还是城市现代公园，都会留下时代的文化痕迹，都是一个城市特质基因的重要组成部分。文化是公园城市建设发展的根与魂。

中华人民共和国成立后政府主导着手修缮了一大批古典园林，包括皇家、私家园林，并作为公园对社会开放。改革开放以后，国家和各级政府越来越重视中华民族文化遗产的保护与传播，1985 年 12 月，在侯仁之、阳含熙、郑孝燮和罗哲文 4 位政协委员提议下，中国正式加入《保护世界文化和自然遗产公约》（图 1-68），先后加入了联合国教科文组织（UNESCO）与世界自然保护联盟（IUCN），并于 1988 年开始有计划申报世界文化与自然遗产，以颐和园、天坛、承德避暑山庄（图 1-69）为代表的皇家园林和

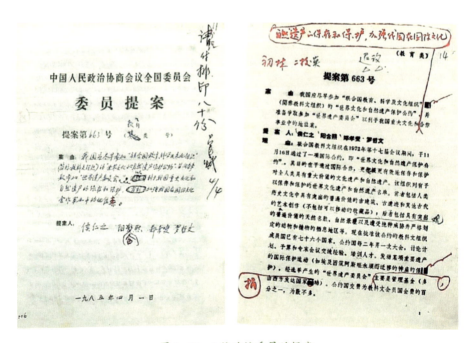

图 1-68 4 位政协委员的提案

图 1-69　承德避暑山庄

以苏州拙政园、留园、网师园、沧浪亭等为代表的私家园林先后进入世界文化遗产名录，这些皇家园林、私家园林等历史名园已经成为所在城市的文化金名片。

历史名园的保护首先应该体现在城市规划与立法保护层面。但迄今为止国内仍缺乏专门的历史名园保护规划与相关立法，只是将历史名园纳入古城或总体规划专项保护范围内，导致有些名园被蚕食（图1-70）。因此，历史名园的保护任重道远。对于北京而言，历史名园是一个体系瑰宝，对于它的规划布局、思想理念、造园技艺，包括掇山、理水以及各类古建筑的构筑、装折以及动植物、山水自然环境营造都应该给予高度的关注、研究与保护，可以说历史名园留下的宝贵财富，就是一部文化大百科全书。公园城市建设中更应该对其进行深入、系统地挖掘和研究、整理，合理保护与传承利用。历史名园不仅是中华民族文化遗产的重要构

图 1-70　北京天坛部分区域被占用

成，也是中华民族传统非物质文化遗产的主要载体。

公园城市的建设，首先应该加强对历史名园的保护。对以历史名园构成的公园，首先就要进行价值评估，同时要站在历史的角度、城市发展的高度和文化建设的专业度分析历史名园保护存在的问题。通过开展相关研究，厘清历史名园与城市的关系，以及其在公园城市建设中不可替代的价值，选择因地制宜的保护途径，筛选并实施具体的、可行的保护管理方法，着眼于整体保护，将其纳入城市传统文化保护体系。在面对传统技艺缺失、材料改变以及现行修缮程序不完善等一系列问题时，应积极探索如何利用现代科技进行保护传承的方式，严禁擅自改变历史原貌。在管理方面，严禁以商业或个人变相占用古典园林、建筑等行为，保证历史名园的公共与公益属性。

同时，要加强历史名园文化遗产及其价值的研究与宣传，将历史名园与所在城市历史沿革紧密联系，挖掘具有典型代表的文化故事，树立城市形象，创造良好的社会舆论环境，形成保护历史名园文化遗产的强大社会共识。推动历史名园文化遗产保护相关法律、法规的健全和完善，增强对历史名园文化遗产保护、管理和传承的约束力，消除立法空白给历史名园保护管理造成的困扰和乏力感，依靠法治建设确保历史名园保护规范化，保存历史名园的"真实性"和"完整性"。国家主管部门与地方各级政府应该从思想认识、机构设置、人才配备、资金投入、制度机制等方面，进一步加强对历史名园物质与非物质文化遗产挖掘和研究的重视和支持，出台相关政策与管理办法。通过对有形无形文化遗产的整理、研究，讲好历史名园故事。加强对园林古建筑的修缮技术研究，在技艺传承、材料工艺方面保持传统工序。注重对历史名园山水骨架、花木配置以及水系水质的研究与管护，并不得随意改变原有风貌。

3. 公园文化出新

历史名园承载了丰厚的传统文化内容，在漫长的历史发展过程中见证了社会文化的发展和演变，反映了几千年的中国园林传统文化发展和中国文人追求理想家园的精神世界。历史名园发展到今天成为全国或地区知名公园，与博物馆、剧院、图书馆一样，是传承传播中华优秀传统文化的重要窗口和平台。

公园文化的传承发展要以增强民族文化自信为基点，以满足老百姓精神文化需求为落脚点，在继承中发展，在发展中创新，"继承不泥古，创新不离宗",古为今用,以古鉴今;洋为中用,推陈出新;努力实现传统园林文化的创造性转化、创新性发展,从历史名园的保护、公园体系的建设、自然生态的融入、当代文化的创新等方面,努力做到历史与时代并进,文化与自然共荣,环境与生态和谐,管理与民众相通,共同服务以文化人的时代任务。

公园是城市的绿色客厅,"公园"与"城市"的关系在漫长的历史长河中经历了复杂的历史演变,北京规划的 250km² 的第一道绿化隔离带,形成公园环(图 1-71),2007 年开始改造提升为郊野公园环,两年间建设了十几座郊野公园,效果并不理想,但在这一区域内的北京奥林匹克森林公园,在深入挖掘历史文脉的基础上,将北京城市的中轴线融入公园建设中,以绿色生态的形态向北延伸了一倍,更由于其美好的园容、完善的设施、完整的功能以及创新的文化,建成开放后便立刻受到民众的青睐,成为深受人们喜爱的融"生境、画境、意境"三位一体的公园,成为公园文化传承发展与创新的典范。

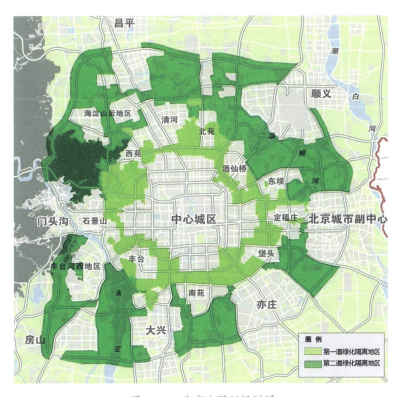

图 1-71 北京公园环规划图

公园城市建设主题是"人、城、园融合",提升城市开放空间活力、修复城市历史文化空间、传承地域自然文化特色,让老百姓看得见山,望得见水,山清水秀,记住乡愁。公园城市的建设必须以中国园林艺术为主体,融合规划、生态、生物、文物、地理、水文、建设以及美术等诸多门类进行城市设计。以杭州为例:杭州因西湖而闻名天下,白居易写下了"江南忆,最忆是杭州;山寺月中寻桂子,郡亭枕上看潮头。何日更重游"。自唐宋以来城市的建设就一直与园林建设同步发展,"欲把西湖比西子,淡妆浓抹总相宜",苏轼这脍炙人口的诗句传唱千年,自古以来西湖早已融入寻常百姓的生活。2002年杭州提出"还湖于民",西湖实行免费开放,打造全域的"人民公园"。杭州市在重要景区景点设立志愿者微笑服务亭,精心策划三条游线宣传杭州的历史文化,同时加强西湖水质的生态监测与治理,近年来获得国内外相关组织与游客的广泛好评。2011年,杭州西湖文化景观列入世界遗产名录,成为"人、城、园融合"的人居环境典范。杭州的成功在于西湖与城市建设千古不变的格局与守护创新的演变,保护治理西湖、环湖公园绿地建设、西湖西扩以及西溪湿地的建设(图1-72)等一系列重大举措,在近代不同的历史时期都留下了经典案例。一是孙筱祥先生设计的花港观鱼(图1-73),妙在因借,精在生境,美在画境,名在意境,成为当代西湖公园绿地建设改造提升经典开篇。二是G20峰会在杭州召开,杭州国际博览中心屋顶花园(图1-74)是会议期间国际交往规定的重要场所。屋顶花园以"空中的东方林泉"(图1-75)的理念、"心相印"的主旨呼应峰会的主题,设计采用传统园林布局,以大草坪映衬传统园林建筑,周边密植各种中国传统花木,尽显江南园林文化,同时主题又传递出中国作为主办方的诚意,建成使用后获得国家领导人以及国内外来宾的高度赞赏。北京、杭州的案例充分说明在公园城市建设过程中,园林艺术大有可为,无论是在宜居环境营造还是在重大政治活动保障中,均凸显了园林的综合学科价值功能。在具体公园案例建设过程中,应秉承传承传统文化、明旨立意、推陈出新、创新发

图1-72 杭州西溪湿地

图 1-73　杭州花港观鱼

图 1-75　国际博览中心屋顶花园
　　　　"空中的东方林泉"

图 1-74　杭州 G20 国际博览中心屋顶花园

展、增强交流互动的原则，凭借中国园林独有的魅力，真正实现公园城市"人、城、园融合"，建设和谐宜居美丽的城市环境，实现多元共生、开放发展。

本章小结：公园文化的概念和内涵并非一成不变，但其本质和核心始终不变，那就是在人与自然和谐发展中找到适合的形式，为人们提供理想的物质空间和精神慰藉，满足人们对美好生活的追求，在城市化过程中满足人民对诗意栖居的向往。公园城市建设中必须了解公园文化的发展进程，了解公园文化的时代特征，了解公园文化的功能与价值，并以此为基础因地制宜，科学保护、传承和合理利用，满足老百姓的精神文化需求，同时彰显城市个性魅力。

第 2 章

公园文化建设

文化是公园建设的灵魂。公园文化既要传承中华优秀传统文化,又要兼收并蓄,博采众长,体现明显的时代特征,公园文化建设应有其独特的建设路径和表达方式。面向公园城市的公园文化建设,又面临着新的要求,那就是延承历史文脉,凸显地域文化,以"人-城-园"融合发展的模式满足人们对美好生活的需求与向往。

2.1 公园文化建设路径

公园是重要的城市绿色生态基础设施，也是城市面貌的重要组成部分与形象特征、品质内涵体现，它是建立在自然和人文背景下，构成城市的主要景观，影响或决定着一个城市的形态面貌。公园是文化的载体，一个时代、一个社会、一个民族的政治、经济、技术、思想意识、伦理、宗教、哲学、美学、心理等深层文化结构，必然会在公园中得到这样那样的反映。同样，公园也是时代、社会、民族文化的积淀与结晶，反映着城市精神风貌，供人们记忆、传承和延续，承载着不同时代的社会文化、历史文化、民族文化、地域文化……

2.1.1 摸底评估，分类施策

公园的类型多种多样，有综合公园，历史名园，还有各种专类公园、社区公园、口袋公园等，而且公园中各类资源众多，既有历史的、文化的，还有自然的、生态的。不同类型公园的文化建设与提升，必须首先做好基础调研工作，就是要先进行摸底评估，对现存的历史文化资源的数量、分布、文物价值和开发利用价值等做普查摸底与评估分析，然后有的放矢、分类施策。

1. 摸底调查
（1）为什么要摸底调查

对公园文化资源进行摸底调查，有利于了解公园建设和管理的现状，通过调查进一步梳理公园的历史和文化脉络，发现公园文化建设的潜力区域及未来发展空间，便于有针对性地编制公园文化建设相关工作方案，避免有价值的历史和文化资源在城市更新中被逐渐淹没。此外，通过全面摸底调查，还可以系统分析公园建设中存在的问题、追根溯源、更新理念、分析公园优劣势、挖掘文化潜力，按照科学发展的思想提出公园文化建设发展思路。

摸底调查旨在进一步摸清既有公园文化资源的底数，并进行相应的分析和评估。对公园的区位、范围、内容、布局、权属等信息进行全面摸底调查，对公园的历史和文化遗存等进行深入挖掘，尽可能去建立公园文化建设数据库，实行动态化管理，深入挖掘各种资源的历史和文化价值，整体谋划、系统推进公园文化工作。在调查的基础上要以文化标准对现有资源进行综合评估，着眼于拉长时间，扩大空间，丰富内容，促进平衡，整体谋划公园文化建设路径，根据区域特定条件，综合考虑功能布局、交通条件、环境影响等因素对于文化建设的影响。

（2）如何摸底，都摸哪些底

公园的文化资源摸底主要内容包括公园基础数据获取（物质方面，人员，历史遗存等），文献资料收集与整理（考古资料，研究资料，管理资料等），公园发展演变各阶段的见证物调查，周边环境的发展演变，相关的制度、服务对象的分析等，重点是对公园时代特征和文化内涵相关内容的调查与分析。

以中华民国的中山公园、中华人民共和国的人民公园为例，不同时期的公园主要体现了不同的时代特征和文化内涵。中山公园不同于西方因城市改革运动而兴起的公园，它作为特定的思想意识象征和具体的公共空间，屹立在各地，成为与市民日常生活联系紧密、历史悠久、影响深远的空间，坚定地向世间彰显着其存在的价值。民国时期大规模的中山公园建设运动，伴随着三民主义的理想，极大地促进了社会进步与中国近代公园建设的进程，留下了宝贵的遗产。中山公园作为纪念孙中山先生的一种空间表现形式，建有孙中山像、中山纪念堂或中山亭等纪念物，通过对市民在日常生活中潜移默化而达到教育目的。其还通过烈士纪念碑、格言亭等来教化民众与鼓舞民心，甚至通过在公园内建陈列所、影剧院、图书室、书画展室等向人们宣传新文化，重塑国民的教育空间。中华人民共和国成立后，人民公园的建设体现了人民当家作主的时代变革，彰显了公园文化时代特征，一是公园建设中的造景手法继承和发展了古典园林表达的"诗情画意"，时常采用景题和匾联的传统，将反映社会主义内容的园名（如人民、解放、胜利、劳动等）置于园名牌匾上。二是历史名园作为公园以极低的票价使其真正成为劳动人民共享的乐园，北京的太庙成为劳动人民文化宫就是这一时代的经典案例。三是公园建设体现了人民城市人民建，全民参与义务劳动的特点。四是融入了诸多纪念性主题公园。五是充分考虑儿童的成长，开辟了动植物园与儿童娱乐区。六是苏联公园建设中文化休闲理念深刻地影响了当时的公园建设，直至现在仍有一定限度的影响。

公园文化资源调研的实施主体可以分成三个层面：一是政府职能管理部门，属于决策层面，基于公园行业发展，重点是组织公园行业进行调查，目的是更好地出台相关政策，完善相关管理制度，起到科学指导作用；二是公园管理部门，属于执行层面，是调研实施的主体，包括公园管理人员或相应的研究和文物管理等部门，便于准确把握、提升公园的文化属性；三是公园规划设计者，他们或从属于政府职能管理部门或公园管理部门，也可能是单独的实施主体，其调研的主要目的是便于公园文化建设中进行合理规划设计，从专业角度科学制定相关的规划设计方案。

公园文化资源调查的主要方法是开展专项研究，制定工作方案，组织相关人员在一定时间内开展调研工作，或者将调研工作纳入公园的日常管理中，建立相关的数据库，实现动态监测。此外，调查摸底也可以是分阶段的，主要工作在一定时间完成，但相关调查可以是一个长期的过程，有时候需要结合考古等工作一同开展。

开展公园调查研究首先要明确调查目标和主要内容，其方式可以是查阅文献档案、实地调查、发放调查表、找相关单位及人员访谈等，其重点是调查公园的历史和现状；同时，需要了解服务对象对公园的评价、公园管理单位职工对公园的认知。有必要时可以结合申请或立项专门的科学研究项目，以更好地完成调查工作。摸底调查后要进行系统性的分析和评估，依托专家进行咨询，反复研讨后形成调查报告，在此基础上立足于公园的中长期发展规划，编制公园文化建设提升和更新改造方案，使其更具针对性和科学性。

2. 分类施策

目前公园文化建设中存在分类管理瓶颈，针对急需解决的公园类型多而杂，设施配套不健全，评价标准模糊，历史名园保护不力等问题，应在调研的基础上进行分析评估，充分考虑地域广泛性和文化多样性、资源差异性，实行差别化政策措施，坚持分类施策，针对不同类型的公园文化建设，能够科学妥善处置相关历史和文化问题，有统有分、有主有次，分级管理，最大限度调动公园文化体系中各方积极性，实现共建共赢，积极发挥其社会效益和生态效益。

对于历史名园，要充分认识到其是前人留下的宝贵财富，其中蕴含着

图2-1　北京第一批历史名园中的恭王府花园（文化部恭王府博物馆）

丰富的历史人文价值。在当前的城市管理中，城市规划与文物管理部门并没有重视并将历史名园纳入法定的分类体系并进行专门保护。2015年，北京列出了第一批25个历史名园（表2-1），这些历史名园不仅是北京古都风貌的重要组成部分，承载着政治、经济、文化发展变化的大量信息，还是其建都史的历史见证。但很多名园都归属于不同的管理主体，在管理体制和模式上也以不同的形式存在（图2-1）。因此，在历史名园的保护中应依据现行《北京市公园条例》，做到有关历史名园的数字准、底数清、范围明，实现依法严格保护。对其他城市来说，加强对历史名园的独立分类与立法保护是我们必须面对的重大课题。

　　对于新建公园，进行规划设计时应充分挖掘该区域丰富的历史文化，注重保护好、发掘好、传承好、利用好历史文化资源，挖掘名人文化故事，同时也要考虑营造朴素的生态文化，进一步传承城市文脉，打造集市民休闲、示范科普于一体的特色公园。

　　对于需要改造和提升的老旧公园，要坚持文化引领，加强科学研究，切实编制中长期发展规划。注重塑造公园文化风貌和内涵，坚持品质提升；注重突出公园文化特色和个性魅力，不断提升公园的品质和风貌，坚持以人为本；注重提升公园服务和管理水平，悉心养护、合理补植，使公园整

北京市第一批历史名园　　　　　　　　　　　　　　　　　　　　　　　　　　　　　　　　表2-1

序号	名称	基本情况
1	颐和园	国内现存规模最大、保存最完整的皇家园林，全国第一批重点文物保护单位。1998年列入《世界遗产名录》，被誉为"皇家园林博物馆"
2	北海公园	水面开阔、风景秀丽、白塔巍峨、苍松翠柏，交相辉映，中国古典园林的精华和珍贵的文化遗产，全国重点文物保护单位
3	景山公园	北京中轴线中心点上，元、明、清三代的皇宫后苑，园内古树参天，山峰独秀，殿宇巍峨，全国重点文物保护单位
4	天坛公园	明清两代皇帝"祭天""祈谷"的祭祀建筑群，世界上最大的祭天建筑群。全国重点文物保护单位，1998年被列入《世界遗产名录》
5	香山公园	是一座具有山林特色的历史名园，全国重点文物保护单位。有碧云寺和香山革命纪念地旧址，2009年被列为全国爱国主义教育示范基地
6	圆明园遗址公园	清代150余年间创建和经营的大型皇家宫苑，1860年10月，遭英法联军洗劫并焚毁，沦为废墟。如今是遗址公园和全国爱国主义教育基地
7	劳动人民文化宫（太庙）	前身是皇室太庙，明清两代皇帝祭祖的地方。中华人民共和国成立后，太庙改为劳动人民文化宫
8	日坛公园	日坛又名朝日坛，2006年日坛作为明至清时期古建筑，列为全国重点文物保护单位
9	月坛公园	月坛又称夕月坛，1955年辟为公园，2006年列为全国重点文物保护单位
10	地坛公园	地坛又称方泽坛，明清两代皇帝祭祀"皇地祇"神的皇家坛庙，2006年列为全国重点文物保护单位
11	中山公园	原为明清两代的社稷坛，1914年辟为公园，初名中央公园，后改为中山公园
12	八大处公园	位于北京市西山风景区南麓，是历史悠久、盛名远播、风水宜人的山地佛教寺庙园林
13	宁寿宫花园	又称乾隆花园，紫禁城内四大园林之一，清乾隆帝准备归政后游赏所建
14	故宫御花园	明清两代皇帝后妃们的休息、游赏场所，紫禁城内四大园林之一
15	恭王府花园	现存规模最大的清代王府，其花园名为"萃锦园"。现为文化和旅游部恭王府博物馆
16	醇亲王府花园（宋庆龄故居）	由府邸和花园区两部分组成，现花园部分为北京宋庆龄故居

续表

序号	名称	基本情况
17	乐达仁宅园（郭沫若纪念馆）	原为中医世家乐达仁堂私宅的一部分，院内绿树参天，满目葱茏
18	淑春园	北京大学淑春园，原燕大校园最重要主体，"三山五园"区域的重要历史园林
19	北京动物园	始建于1906年，是对公众开放最早的动物园和华北地区对公众开放最早的公园
20	北京植物园	现国家植物园（北园），2021年12月28日经国务院批准设立，湖光山色、古树参天，景观优美，建有桃花园、月季园、牡丹园、梅园、丁香园、盆景园等专类园
21	莲花池公园	古遗址公园、莲花池距今有3000多年历史，"先有莲花池，后有北京城"
22	什刹海公园	北京内城具有开阔水面的开放型景区
23	陶然亭公园	融古典建筑和现代造园艺术为一体的，突出中华民族"亭文化"为主要内容的历史文化名园，"陶然亭"是中国四大名亭之一
24	玉渊潭公园	因水得名，园中最负盛名的植物是樱花
25	紫竹院公园	因园内西北部有明清时期庙宇"福荫紫竹院"而得名

体形象得到稳步提升。

不管对于哪一类公园，文化建园都是公园建设和管理中的重要工作，公园内每天都集聚着大量的人群，这些人都是公园文化的直接受益者、体验者、保护者和传播者，因此，如何以公园为宣传阵地和文化展示场所，进行各种形式的文化研究和表达是公园建设和管理工作的重点。

2.1.2 巩固强化，凸显价值

1. 巩固文化建园成果

当前，公园文化建设取得了显著的成就，实际工作中应将公园文化建设的成果巩固放在重要位置，坚持以人为本、城乡统筹、规划引领、高质量可持续发展，城市规划、城市园林绿化、生态环保、市政建设、

图 2-2　北京宣武艺园景观改造提升　　　　图 2-3　无锡梅园改造提升

城市管理、文化教育等各相关部门应相互协作,全面巩固公园文化建设成果,真正使得公园建设惠及广大人民群众、推动城市高质量可持续发展。

2. 改造提升文化价值

从完善公园的规划布局、丰富共享绿色空间、改造基础设施、丰富植物群落、提升景观品质、提升公园文化内涵、恢复和营造公园特色等方面着手,逐步实施并优先改造与市民生活生产、城市形态特征密切相关、影响较大的公园,注重全面提升公园的文化价值,以崭新的形象呈现给广大市民游客。

老旧公园品质提升是多维度的,包括景观品质提升、功能完善、文化融入等多方面。老旧公园改造要在不破坏公园文化的前提下,深挖其历史文化内涵,完善设施,进行功能合理叠加复合,满足不同人群不同层次类别需求,提升公园自身文化价值,丰富游客游园体验、凸显公园个性特色(图 2-2、图 2-3)。

2.1.3　挖掘资源,合理表达

1. 资源挖掘

习近平总书记关于要发掘好、利用好丰富文物和文化资源,让文物说话、让历史说话、让文化说话,推动中华优秀传统文化创造性转化和创新性发展、继承革命文化、发展社会主义先进文化等一系列重要指示精神,对公园历史文化资源的发掘无疑具有重要的指导意义。

在公园文化建设中应该落实保护为主、合理利用、加强管理的方针,在调查基础上梳理文化积淀，整合具有突出意义、重要影响的历史文化资源，实现其保护传承利用、文化教育、公共服务、旅游观光、休闲娱乐、科学研究等综合功能，形成具有特定开放空间的公共文化载体，集中打造重要文化标志。

当前公园建设中文化缺失和文化资源损毁的问题较为突出，如何在城市公园建设中挖掘公园自身独特的历史渊源，增加公园景观的文化内涵，从而使整个城市的文化内涵得以传承和发展，成为公园文化建设中的重要内容和紧迫任务。要加强公园历史文化的系统研究，对消失或损毁的内容进行复原研究和抢救性保护，包括整理挖掘消失在园林中的重大事件、重要人物故事等，突出公园文化的整体辨识度，构建与公园文化建设相适应的理论体系和话语体系，推动优秀园林文化的传承发展。

北京在挖掘并重塑公园文化建设方面有许多成功的探索，如莲花池地区是北京城的发祥地，有"先有莲花池后有北京城"之说，可追溯到周代的蓟城，距今有3000多年的历史。20世纪80年代北京市开始修建莲花池公园（图2-4），对荒芜多年的莲花池进行复建（图2-5），恢复以水体和荷花为代表的历史风貌（图2-6），营造自然化的景观（图2-7），且创建荷花节和莲花池庙会等特色文化品牌活动。

再如北京的香山地区，历史悠久，除了有清代皇家园林香山静宜园之外，在中华人民共和国成立前期的革命活动也为这一地区增添了独特的文化内涵。香山革命旧址位于香山公园内，由双清别墅（图2-8）、来青轩（图2-9）等中共中央在香山的8处革命旧址组成。在香山公园及其周边地

图2-4　北京莲花池公园

图2-5　古莲花池

图 2-6　北京莲花池公园的荷花

图 2-7　北京莲花池公园景观

图 2-8　北京香山公园双清别墅

图 2-9　北京香山公园来青轩

区的文化建设中,管理者应整合挖掘香山地区红色文化资源,讲好红色革命故事,使之成为全国闻名的红色文化旅游地。

2. 合理表达

在公园的文化建设中,尤其在传统文化复兴、生态文明建设和"双碳"目标的新形势下,需要充分考虑文化内涵、文化要素表达的合理性。

基于复兴传统文化的时代背景,要重视中华优秀传统文化的创造性转化和创新性发展,筛选那些传统文化中的优秀符号,以合理、协调的方式体现在公园中,坚持因地制宜、科学合理的原则,使公园文化有内涵、有教化功能,也能起到心灵陶冶与净化作用。

基于"双碳"目标,公园文化建设中要充分考虑公园的生态价值,发挥自然生态系统修复治理和水土流失治理、水污染防治等作用,加强城乡综合整治，统筹维护人文与自然风貌，推广应用绿色能源以及较为成熟的新技术与新材料，健全标准化公园服务体系，强化绿色低碳科普宣传，提升生态文明意识，引导市民践行绿色低碳的生产生活方式（图2-10）。

此外，公园文化建设还包括与文化保护传承利用相关的宣传、教育等主题活动。在公园文化建设中，可以利用重大纪念日和传统节庆日组织形式多样的主题活动，因地制宜开展宣传教育，推动开发社会教育特色资源，有条件的地方可以通过打造实景演出等，让园林文化和人文精神融入群众生活，同时推动开发文化旅游商品（图2-11），扩大针对游客的文化供给。利用好园博会、世园会等各种展会（图2-12、图2-13），积极开展宣传教育活动，使得公园文化能够更好地深入人心。

对于消失的、损毁的历史文化资源可在加强研究的基础上，力争进行复原和数字化表达，推进园林景观的数字再现过程，利用现有设施和数字资源，高标准建设公园官方网站和数字云平台，对历史名人、诗词歌赋、典籍文献等关联信息进行实时展示，打造永不落幕的网上公园文化空间（图2-14）。

图2-10 公园里的科普宣传栏（牌）

图2-11 公园里的文创空间　　　　图2-12 南宁园博园

图 2-13 武汉园博园

图 2-14 公园文化的数字化展示

2.1.4 组织宣传，保护传承

1. 组织文化活动，宣传、传承、利用公园文化

公园文化活动泛指在公园内举办的与园艺、教育、游憩、纪念、庆祝、宣传及其他相关的各类展览、展示、科普和游园活动。公园内的各类文化活动是公园文化建设的重要组成部分，这类活动既有传统的，也有现代的，其中传统的包括茶艺、诗画书法展等，现代的包括展会、花艺、舞蹈、美食、歌咏等。这类活动具有群众参与性,是群众喜闻乐见的一种形式,在宣传文化的同时,也展现了公园的形象和魅力。

公园作为城市重要公共文化空间,是市民休闲、娱乐、游憩、社交的重要场所。通过举办相关文化活动,为市民提供一个开放包容、互动参与的展示舞台,同时可以发动社会各界力量,引进优质的文化活动项目,为市民打造共建共享的文化盛会,从而彰显城市文化魅力、城市文化品质和文明程度。

近年来,许多城市公园还举办许多参与类、互动类的活动,如种植类,采摘类,儿童挖沙,堆石游戏类,可以让城市里的人尤其是青少年有更多接触大自然、感知大自然的机会,受到许多青少年的喜爱(图2-15、图2-16);同时也可对许多特殊群体如自闭症儿童等进行园艺疗法。

2. 提升游人公园文化和生态保护意识

生活在城市的人比较关心自己身边有无可以休闲游憩的公园,而公园文化建设能够促使人们生态文明意识的觉醒,公园中通过开展"寻找最美公园"、摄影大赛、公园文化节等百姓参与的活动,向更多市民展示园林绿化的成就,让大家共享公园建设成果,可以带动更多人关注公园文化。此外,公园文化对城市园林建设也是一种推进力量,可以助推城市生态文明的建设和发展。

一些历史悠久的公园内,保存着不少历史文化古迹,是一个城市的文脉传承。公园里文化空间与生态空间相生相融,对人的行为有潜移默化的影响,对游人有渗透性教化功能,游人在游园过程中不仅能得到感官的享

图2-15 公园里儿童游戏娱乐(挖沙等)空间(冯玉兰 提供)

图2-16 公园里的栽种体验活动(庞森尔 提供)

图 2-17 西藏雅尼湿地公园—高原河流湿地景观　　图 2-18 呼和浩特沙坑郊野公园

受,呼吸到新鲜的空气,同时可以领略城市文化的博大精深,得到精神上的享受,使自信心、自豪感提升。

公园文化建设中仅有优美环境还不够,还要从公园文化的整体性角度考虑,爱护公园的一草一木,保护好公园的生态环境,这是最起码的公共道德。公园文化建设中应该倡导文明游园,每个人都应养成良好的卫生习惯,不断提高生态环境保护意识;要加大宣传公园在生态保护方面的重要作用,对于湿地公园、森林公园、郊野公园等类型公园重点宣传其生态方面的功能及独特景观特色(图 2-17、图 2-18)。

2.2 公园文化内涵表达

公园是一个城市物质文化和精神文化的载体,是凸显城市特色的形象工程,它既涉及总体的城市布局,同时也涉及局部的景观塑造。在公园的文化建设中需要将那些淹没在当下发展浪潮中富有意义和内涵的历史痕迹、文化脉络凸显出来,贯穿在公园规划设计的整个过程之中。如果缺少了文化内涵，公园很可能就是缺乏人文精神的绿地或者林地，而具有了文化内涵的公园，可让游人获得良好的文化体验，感受历史文脉的厚重，给人以文化的陶冶和精神的满足。因此，在实施公园文化的改造提升时，应该以突出文化内涵作为品质提升、功能完善的基本设计原则，即挖掘、利用并合理表达优秀的历史文化、特色鲜明的地域文化以及个性张扬的时代文化等，从根本上提升公园乃至城市的品位。

2.2.1 历史文化表达

1. 挖掘历史

公园是社会发展的产物，随着社会发展而不断演进，与人们生活息息相关。不同时期建设的公园，将时代特征赋予公园，也将历史文化内涵融入其中，随着社会文化的演进和城市建设与更新，一些历史信息隐藏在公园的各个方面，因公园独特的优势而存在着，如果不加以挖掘整理、梳理、保护，这些珍贵的历史文化信息可能就会慢慢消失，甚至会使某一领域的历史文脉断裂。因此，在公园文化建设中，充分深入挖掘历史遗迹和文化遗产，保护和合理利用历史文化资源，具有非常重要的意义。

公园文化建设中挖掘历史遗迹的方法主要通过考古发掘和历史考证等方法。充分了解公园所在城市的历史发展脉络和地域文化特色等，深挖公园及其周围环境的历史文化内容及其历史价值，充分挖掘本地区传统文化资源中富有生命力的东西，找出它们与当地需求的契合点，使之以科学合理的方式展示出来，讲好历史故事，打造特色鲜明的文化符号。

考古主要对象是古代人类活动遗留下的实物资料，其是历史研究的主要方法。历史建筑、园林遗迹等是古代营造活动在实践和空间中的延续，是历史文化的重要载体，其中蕴藏着很多历史的信息。一些在古典园林遗址基础上建设的公园，对历史资源来说本身就是一种保护，对这些遗址或遗迹开展考古工作有利于历史文化的保护和展示，如圆明园是举世闻名的大型皇家园林，当前以遗址公园的形式存在，自1996年开始，先后对其进行过三次考古发掘，已完成园内月地云居、鸿慈永祜、山高水长以及含经堂遗址（图2-19）、如园遗址、养雀笼遗址、海晏堂蓄水楼遗址等22处的考古勘探和发掘工作，基本探明了这些景区的遗址保存状况和布局，20余年来，发掘总面积7000m²，出土文物达5万余件（图2-20），为圆明园遗

图 2-19　圆明园长春园含经堂遗址（黄亦工　拍摄）

址公园的文物保护和历史文化展览展示奠定了重要基础。

　　历史考证是注重在广搜史料的基础上，对年代、地理、事件、人物、制度以及史文记载的歧误等进行考辨的一种史学研究方法，在方法上主要是根据事实的考核和例证的归纳，提供可信的材料，从而作出一定的科学结论。考据的方法主要是训诂、校勘和资料整理，现在也多用在历史相关研究中。通过历史考证，可以挖掘公园所在区域的相关历史文化信息，为公园建设和管理以及更新提供更为准确的研究基础。近年来，通过历史考证相关研究，消失园林的复原研究等，再现了大量历史文化内涵，不仅丰富了公园文化内容，还使一些消失的园林得以重现，如中国园林博物馆中根据史料研究再现的北京半亩园（图 2-21）。

　　历史和文化挖掘并非抛开原有的历史信息重新建立起新的历史文化内涵，而是在原有城市文化和公园文化基础上进行更深层次挖掘，融入独具现代化特色的时代精神，最终形成一个既反映该城市历史文化风貌又满足

图 2-20　圆明园遗址考古文物展示

图 2-21　中国园林博物馆中复原再现的北京半亩园

现代需求的特色城市公园，为历史文化遗存赋予物质载体，全面真实地展示并延续文化遗存的历史信息，实现历史文化在新时代背景下的科普价值与教育价值，如西安市曲江遗址公园就是依托于极富历史文化内涵的曲江修建（图2-22）。

2. 资源整合

资源整合是通过市场途径、行政管理手段对区域内未得到最优配置的资源进行挖掘、合并、转移、重组，实现整体优化，协调发展，形成新的更富有吸引力的服务和更富有效益的游线，促进公园文化内涵与品质提升，以及公园服务功能的完善。

图 2-22 曲江图（唐代）

在历史文化众多的情况下，分散布置会使历史文化形象体现不够充分，应首先梳理、整合已有的历史文化资源，使资源要素的集聚功能和辐射力得到充分发挥。而历史文化不多的情况下，更应该深入挖掘区域相关历史资源，扩大联合的范围，将相似的历史资源整合到一起，不过这需要更上层面的支持和相应地管理与协调。

公园文化建设中，应将历史文化、历史元素沿用在景观设计中，进行全局性统筹规划，组织专业人员分析整合资源优势，保证城市环境整体性，整理城市公园涵盖了哪些地域文化元素，同时对历史文化进行深入挖掘，并将这些元素进行创新融入公园文化建设，进行整体形象策划。整合并不是简单的集合，而是守正创新，使资源以更加优化的形式出现，资源的融合要产生一加一大于二的成效，让公园内文化样态和生活样态生发为最鲜活、可触摸的城市景象。

3. 呈现形式

（1）历史名园

很多公园直接来源于古典园林，成为历史古迹和文化遗产。这些公园保留了较为完整的历史文化资源，具有突出的历史文化价值，成为重要的历史和文化名园。它们不同于普通公园,其园林格局及园林要素也至今尚存,能相对完整地体现传统造园技艺,且对城市变迁或文化艺术发展有显著影响,成为重要的城市记忆,其历史文化的表达应该突出其整体性。

历史名园从过去专为王公大臣、名门富贾赏玩的御苑、宅邸转变成了现如今普通老百姓的休闲场所,对丰富城市文化、提升城市影响力等都起到了很大的助推作用。历史名园具有的历史和文化属性,是城市历史发展的物化见证,保护历史名园就是保护城市文脉、个性和特色。例如,作为世界文化遗产和历史名园的颐和园,在公园的建设和管理中深入挖掘文化内涵,大力推进园林的保护、管理和相关的研究工作,以借景环境、山形水系、文物古建、植被景观为核心保护内容,逐步建立了完整的名园保护管理体系。特别是改革开放以来,颐和园加快了建设和保护的步伐,恢复了四大部洲、苏州街、景明楼、澹宁堂、耕织图等景区(图2-23),并参与周边环境改造,延续其历史人文环境,恢复了文化遗产的完整性和原真性。

苏州园林对苏州城市的建设有着举足轻重的影响。2004年苏州提出建设国家生态园林城市的目标,以"真山真水园中城,假山假水城中园"的历史文脉勾勒"园林苏州""百园之城",使得城市绿地面积不断增加。许多经典的园林元素被运用到街头巷尾,诸如"弹石间花丛,隔河看漏窗"的道前街,"人在花中走,柳在岸边行"的临顿路,"两绿夹一河,舟与车俱行"的干将路,飞檐错落、林木荫翳的环古城风貌保护带……既体现了移步换景的苏州古典园林特色,更为千年来古城水陆并行的双棋盘布局锦上添花。由此,园林走进市民百姓的日常生活,老百姓获得感、幸福感大大提升(图2-24)。

这些历史上著名的古典园林,大多数时候表现出幽静、深远、含蓄的特征,其封闭内敛的空间特征与中国传统文化中文人注重修心的特征有着紧密联系,成为古代文人心灵与精神的外相表现,是"物化"了的文人内心家园。中国文人自古就有雅集的嗜好,于园林中举行

图2-23 复建的颐和园耕织图景区

图 2-24　苏州城市风貌

图 2-25　香山九老图（明代　谢环）

雅集活动亦备受青睐，更有像"香山九老会（图 2-25）""西园雅集""玉山雅集"等被视为雅集的典范，为园林文化增添了文化内涵，传颂千古。

(2) 考古遗址公园

一些古典园林虽然消失了，但是遗址却保存了下来，在公园建设中得到了有效的保护，并在城市发展过程中变成了遗址性质的公园，但受兴建公园时期考古技术等条件制约，很多公园中的历史遗迹保护不够理想；也有一些虽然不属于古代园林的遗址，但是依托相对完整的遗址也兴建了考古遗址公园，这是一种相对较新的公园类型，近年来随着考古遗址公园这一理念逐步被社会接受，各地积极进行不同类型的考古遗址公园建设，结合地域特色文化来建的公园，文化内涵也不尽相同。

考古遗址公园是依托遗址以及考古发掘的成果来展现地域历史文化特色，基于此，不同的考古遗址公园在建设过程中也各有侧重、各具特色。遗址公园可以展示不同时代的文明，展示不同时代、不同类型、不同时期背景下的文化，一般以古代建筑的遗址或遗存为主的公园侧重于展示寺院、宫殿、祠堂、民居等，同时这类遗址或遗存公园更多保留了山形水系等自然要素，公园形态外貌、功能与历史文化内涵有机融合，增加了公众游园兴趣和参与感。

陕西西安兴庆宫公园文化底蕴丰厚，历史及人文景观特色鲜明，古典园林与现代园林巧妙结合，既适应现代社会文化生活需要，又突出了遗址公园悠久的历史地位，再现了古都西安的历史风貌，与唐兴庆宫浓厚的历史文化底蕴相映衬。兴庆宫公园在建设和管理工作中重视文化遗产的保护，确保遗址区域保存良好，在此基础上建成遗址保护及专题展示博物馆、兴庆宫翰林梅林及书院，完成沉香亭区域唐诗碑石文化园的建设等，这些措施丰富提升了公园的历史文化展示教育功能，进一步明确了文化建园发展方向（图2-26）。

元大都城垣遗址公园是在元大都土城遗址上建造起来的，一方面是北京城市文明发展的重要见证（图2-27），是研究和展示北京城址变迁的重要实迹和实物遗存，对于北京市文化历史的探源与发展有着重要意义，另一方面作为公园其最为突出的特点就是它拥有最大的城市带状公园、最大的室外组雕、最大的人工湿地，也是北京市最先完成建设的应急避难场所。这种基于考古遗迹保护的公园，为北京市创造了一个"以人为本、以绿为体、

图2-26　西安兴庆宫公园

图 2-27　北京元大都城垣遗址公园

以水为线、以史为魂、平灾结合"的经典园林,最为突出的是以公园为鲜活生动的平台载体,全面展示了元朝历史文化。元朝实行两都制度,以大都(北京)为首都,上都为夏都,元上都遗址(图 2-28)主要由宫城、皇城、外城、关厢、寺庙、墓群、水利工程等遗存组成,是重要的遗址公园。元上都以宫殿为中心,呈分层、放射状分布,既有土木为主的宫殿、庙宇建筑群,又有游牧民族传统的蒙古包式建筑的总体规划形式,是农耕文明与游牧文明的融合的产物、古代城市规划与生态文明建设结合的突出代表。

（3）古迹保护

对于没有完整的遗址,只为保护某些特定遗迹而建设的公园,或者要通过公园建设保护的遗迹尺度非常小,如一口古井、一棵古树、一座名人故居等,通常采取的措施是将这些历史遗存、遗迹合理设计纳入到公园中,成为公园中一处重要的文化景点,比较常见的是纪念公园和部分遗址公园。这些公园中的历史遗迹依然有保护价值,这类公园中历史文化的表达,应该在文物保护框架下,通过连通古今的方式进行规划设计和文化建设。

如曹雪芹纪念馆,位于北京植物园中,是现代公园中的一处文化遗存,既很好地保护了曹雪芹故居、展示了丰富的红学文化,又增加了公园的文化内涵与魅力。曹雪芹作为清代伟大的文学家,在其家道衰败后晚年移居西山,在这里开始了《红楼梦》的创作,留下了不朽的文学巨著。1971年,在香山地区正白旗村发现了一座带有几组题壁诗的老式民居,被部分专家认为是曹雪芹著书之所,后以此为基础建成了曹雪芹故居纪念馆。该馆是以一组低矮院墙环绕着的长方形院落,前后两排共18间

图 2-28　元上都遗址（手绘）

图 2-29　北京植物园曹雪芹纪念馆

图 2-30　上海市鲁迅公园内鲁迅纪念馆

房舍，仿清代建筑。前排展室展陈有清代旗人的生活场景，曹雪芹在西山的生活、创作环境的模型，200年来有关曹雪芹身世的重大发现及有关文章、书籍，包括发现题壁诗的"抗风轩"。后排房屋则展陈曹雪芹的生平家世等内容（图 2-29）。

上海鲁迅公园原名虹口公园，是上海主要的历史文化纪念性公园和中国第一个体育公园。1988年虹口公园正式改名为鲁迅公园。鲁迅1927年10月从广州来到上海，在上海整整生活了9年，他曾多次来到虹口公园。1936年10月19日，鲁迅逝世。22日，鲁迅丧仪在万国公墓礼堂举行，后遗体葬于公墓东侧。中华人民共和国成立后，政府即筹建新的鲁迅墓（图 2-30）。1952年春，华东文化部等有关部门经过酝酿，选择临近鲁迅故居的虹口公园建新墓。1956年10月，鲁迅逝世二十周年时，鲁迅墓从万国公墓迁到虹口公园。墓地中间是长方形绿地，中央偏后建有鲁迅坐像，墓碑中央镌刻毛泽东主席题字："鲁迅先生之墓"。此外，公园内建有鲁迅纪念馆，1950年春由华东文化部筹备，1951年1月7日正式对外开放，周恩来总理题写馆名，是中华人民共和国成立后第一个人物类纪念馆（图 2-31）。该馆1994被上海市政府公布为爱国主义教育基地，2001年被中宣部公布为全国爱国主义教育示范基地，2009年被国家文物局评定为全国首批一级博物馆。

图 2-31　上海市鲁迅公园内鲁迅墓　　　　图 2-32　北京明城墙遗址公园

　　北京明城墙遗址公园的设计尊重了城墙发展演变的历史，设计师在城墙边没有添加新的景点，只规划了一条自由流畅的园路循城墙而行，保存了城墙的历史记忆，人们可以在轻松的散步之中饱览城墙风姿。公园在适当的位置设计了很多小的休憩场地，与保留的古树、大树相融合，相得益彰。这里时常坐满了轻松休闲的人们，老北京市民的生活方式与场所被重现在了这个遗址公园的城墙根下，包括喝茶聊天的地方和京剧票友的露天剧场，以及画廊与艺术活动的展示空间等。在这里，历史文化与社会生活融在一起，也使老北京的"城墙根文化"获得再生，这里展示了一种以史为根、以绿为韵、以人为本的历史文化名城所独有的城市个性和城市景观（图 2-32）。

（4）景点利用

　　对于那些历史遗迹已经完全无存，可能仅留存一个地域上的文化符号，而且由于种种原因，遗址也没有得到有效保护的情况，可以挖掘历史文化资源作为公园设计的主要元素。不少公园的设计场地既没有历史遗址，也没有遗留物，只有具备历史背景场地，设计师们也可以积极寻找并留存或再现反映城市历史文化的元素，突出公园的历史文化特质，如北京南水北调公园（图 2-33）。

　　在公园设计中为了表达场地原有的历史和文化内涵，设计师常从当地的历史文献记载中，挖掘历史文化，从中找出设计的灵感，有时会从文字记载或口头传说中挖掘出场地原有的一些环境状况，用"重现"的手法来营造一些公园景点，也叫"再生"或"再现"，同"回忆"相近。再现手法是通过对历史场景或情节的模拟，调动各种相关线索，引发必要的联想，

图 2-33　北京南水北调公园

图 2-34　新疆奎屯西公园（一）

图 2-35　新疆奎屯西公园（二）

图 2-36　新疆奎屯西公园（三）

引导适当的推理，以恢复重现遗忘的知识或经验。重现的景观使城市增添了历史文化魅力，使观者能从视觉上了解到与场地相关的文化和历史信息，由此能唤起（留着）城市记忆。

新疆奎屯西公园，因地处在奎屯市区的西郊，所以称为西公园（图 2-34）。清道光二十二年（1842 年）民族英雄林则徐流放伊犁时行经奎屯，相传曾在西公园处拴马停歇，公园内被挂牌保护的三棵古榆树，其中一棵相传是当年林则徐的拴马桩。公园内有林则徐雕像与九龙壁等景观（图 2-35~ 图 2-37）。

上海徐家汇公园从平面布局上看，似上海的版图，弯曲的黄浦江，古老的城厢，立体高架，犹如翻开一本记载上海历史的画卷，远古的田野、明清的城郭、租界时期的建筑、石库门民居、民族工业的大烟囱……一座几乎贯穿东西的景观天桥，通过设计手法形象地展示了上海这座城市从过去到现在，从现在走向未来的历史变化，巧妙地把上海人文景观特色展现在公园中（图 2-38）。

图 2-37　新疆奎屯西公园（四）

图 2-38　上海徐家汇公园全景

北京海淀公园于 2003 年建成（图 2-39），建于昔日皇家园林"三山五园"之一的畅春园遗址之上，公园在风格上秉承了畅春园的自然雅淡，采用传统园林堆山理水的造景手法，形成北低南高，北开南敞封闭的特异空间形态，并营造朝向西北方向的眺望制高点，使全园景观与西北侧的香山、玉泉山、颐和园等皇家园林遥相呼应；同时也遮蔽了来自东南侧城区产生的不良影响，将公园较好地融入海淀区特有的园林氛围之中。园景设计则以开放、简洁、自然的手法营造出满足市民休闲需求的景观环境。同时，巧妙地利用场地原有历史文化遗存，形成京西稻田、泉宗余脉、万泉余波等生趣盎然的公园景点，重现了原有公园所在场地的农耕历史记忆，丰富了公园文化内涵和人文意境（图 2-40）。

图 2-39　北京海淀公园　　　　图 2-40　北京北坞公园京西稻田耕作景观

4. 表达方式

历史文化在城市公园中是通过纪念碑、雕塑、工艺小品、立体花坛等文化和景观元素显性表达出来的，由此来唤起人们对历史文化的联想、情感认同和心理感受，一方面给予人们历史文化宣传、普及、教育，由此强化历史记忆；另一方面给予人们文化的熏陶和情操陶冶。在公园规划设计中要提炼历史性符号元素，转化成园林设计语言，尽可能把科研和考古成果和谐地融入，使其能够唤醒人们的历史记忆，为文化遗存的开发和利用开辟新的途径。

（1）修建纪念碑

纪念碑是纪念已故人物或大事件而建立的石碑。纪念性建筑承载着历史，背负着时代烙印，作为一个国家和民族集体记忆的载体，与政治和主流意识形态紧密关联，与一个时代特定的政治、经济和文化背景息息相关。

很多公园中都会建立纪念碑，如成都人民公园西北部的辛亥秋保路死事纪念碑，是 1913 年由张澜、颜楷等具有影响力的文士名流联名提议，川汉铁路总公司耗资 10000 个大洋修建的，目的是纪念四川保路运动中的 32 名死难者（图 2-41）；北京玉渊潭公园中有中国少年英雄纪念碑，花岗石铸成的雕塑分别展现了抗日战争、解放战争、社会主义建设等各个不同历史时期的少年英雄风貌（图 2-42）。一般来说，纪念碑的设计构思是以还原历史场景、纪念历史事件和人物为主体，通过体量较大的纪念碑式建筑和直观具象的雕塑形态，在一定限度上还原历史或某个历史片段，以象征的手法来表达纪念的永恒性。公园中的纪念

图 2-41　成都人民公园辛亥秋保路死事纪念碑

图 2-43　厦门中山公园纪念碑

图 2-42　北京玉渊潭公园中国少年英雄纪念碑
（马雪艳　提供）

碑，成为重要的历史纪念物，近年来成为重要的红色文化资源（图 2-43、图 2-44）。

（2）牌示系统、历史文化长廊、文化墙

公园文化建设中应考虑景观的历史文化内涵，让游人在游憩的同时，潜移默化地感受到当地的历史底蕴、文化特色等，可主要通过牌示系统、历史文化长廊、文化墙等形式来实现。

公园中应建立功能齐全、布局合理、连接顺畅、相互呼应的导览标识系统。其体量、尺度、色彩、风格等与公园风貌、文化特色相协调，中外文标识要准确无误，指示清晰明显。路标（图 2-45）和说明牌是指引参观和游览线路的，同时要能够使过去的不同人物和事件生动地展现出来，且关键的地方应该用图像、引语等作重点解释，以更深入全面有效地展示、

图 2-44　郑州碧沙岗公园聂荣臻元帅题词北伐阵亡将士纪念碑

图 2-46　广州越秀公园导览牌　　　　图 2-45　广州越秀公园牌示系统

传承公园内的历史故事、文化内涵及其背后的关键信息。公园中的标识牌设置应选择具有历史文化代表性的场地、载体以及与之相匹配的材质、色彩、结构、形式等，设置在游客容易发现、方便阅读的地方，能够充分代表历史特征和地域特色且易于辨认，内容应简单通俗，并尽可能反映某一重要主题或故事（图 2-46）。

公园中单独设置的文化长廊要用真实的史料说话，并精心设计，图文并茂、具有可读性，通过文化墙把历史文化用现代化的园林艺术手法合理有效地展现，情趣盎然地反映历史发展的脉络和过程，充分展示公园的文化底蕴与内涵，使游客观看长廊就仿佛行走在历史长河中、沉浸在浩瀚灿烂的文化海洋中，既能留下深刻印象、获得美好感受，又能沉浸式地受到文化熏陶，并增强自信心与自豪感。

图 2-47　青海玉树文化公园内文化墙

（3）设计元素

公园建设中大量的历史文化内容，可以利用景石、木桩、雕刻、立体花坛等展示出来，从而让游客能够感受历史，对历史文化产生共鸣从而心驰神往。通过园林艺术设计将历史文化元素融入公园中的路灯、垃圾桶、雕塑、浮雕等设施或景观小品中，使整个公园的历史和文化主题联系在一起，不仅增加了公园的观赏性，也强化了公园再现、传承历史文化的载体与窗口功能，以及社会教化、情操陶冶方面的意义。如各民族都有其民族独特的发展历史和特有文化要素，可从中提炼再设计创造，并用当地地域性原材料进行建造表达，就能使公园不仅有生态功能，更有文化灵魂、民族特色和地域风采（图 2-47）。

公园中的众多精美雕塑或浮雕作品，生动再现了历史上发生的众多历史事件，让人们由此回想起一个又一个或精彩或感人的历史故事。雕塑、壁画、艺术小品等是精神文明的物质载体，它们的存在就是感情的表达，塑造的形象具有象征意义，游客能直观地从这些景观小品上了解这个城市，好的景观小品在满足游客基本的使用功能的基础上还可以美化环境，烘托文化氛围。在历史文化的表达方面，景观小品更是设计师最常用的艺术表达手法，设计师将城市历史故事、传奇故事、寓言等巧妙地做成雕塑等，使游人在欣赏雕塑艺术的同时受到教育。例如上海广中公园的"滥竽充数""孔融让梨""守株待兔"等寓言雕塑，天津海河公园的"司马光砸缸"等故事雕塑等。值得注意的是公园历史文化内涵表达一要有根据，且不落俗套，表达手法更应与时俱进，反映新时代的城市文化（图2-48~图2-50）。

立体花坛是公园历史文化表达的一种常见的鲜活形式，是文化展示的软质景观语言。立体花坛是指运用一年生或多年生小灌木或草本植物种植在二维或三维的立体构架上，形成的植物艺术造型，是一种园艺技术和造园艺术的融合与综合展示，一般都在重要的历史性时间节点或节假日在重要场地（如天安门广场）或节点场地（如交通路口、交通环岛等）营造隆重、热烈、欢乐、吉祥等气氛（图2-51、图2-52）。

（4）传统技艺再现

公园建设中，对古典园林优秀设计方法的继承和借鉴是普遍和常见的，从文化遗产保护和传承角度需要重视传统造园技艺。园林发展的过程就是在借鉴和继承以前园林营造的基础上创新的过程，现代城市园林设计更

图2-48 乌鲁木齐红山公园雕塑

图2-50 徐州金龙湖公园中的雕塑

图2-49 长春雕塑公园中的雕塑

图 2-51 奥运主题立体花坛

图 2-52 节日立体花坛

要在借鉴传统手法的基础上创新发展。在公园的规划设计和建设中要明确是"借鉴"而不是"拿来主义","借鉴"既要考虑"借"更要做到"鉴",只"借"而不"鉴"只能是照搬,而"鉴"就是要找出借鉴对象的价值和特性。继承和借鉴传统园林中的传统文化和技艺手法,并非是要完全复古,强调的应该是不忘记传统,但传统的艺术门类应在新时代找到自身存在的恰当形式,以合适的形象出现在现代公园建设中。今天的公园与中国古人所面临的社会、文化和物质环境截然不同,我们应当继承最能代表文化特质的、有永恒意义的方面,这就需要我们对那些园林中的代表性符号进行筛选,保证能够体现中国园林的特质。这里所谓的特质是指中国传统园林特有的,由民族历史和思想文化所决定的并区别于其他园林的特征,人民从传统园林文化思想中获得了宝贵的经验,也必然会形成民族特色性的艺术视野。

中国传统园林与社会文化相关联的属性不会随历史的发展而衰退,也不会随科技的进步而被淘汰,相反随着时代发展、科技进步会结合得更加紧密,使园林文化更丰富、多彩、灿烂。公园规划设计和建设中要做到守正创新,注重互含、互借、互现、互动的艺术手法,注重现代园林与传统书画、文学题材的互相包涵,注重造园思想和艺术境界的共同显现,最终达到创作与欣赏联动,创作出的优美园林空间更具民族和地方历史特色,使公园的文化更具有生命力。传统园林中的叠山置石(图 2-53~图 2-56)、理水和建筑营造(图 2-57)等技艺都应该加强研究,挖掘其深厚的文化价值。

(5)自然要素的利用

植物是公园生态功能和持久魅力的物质基础,公园景观营造要始终以

图 2-53　扬州个园叠山技艺（春山）

图 2-54　扬州个园叠山技艺（夏山）

图 2-55　扬州个园叠山技艺（秋山）

图 2-56　扬州个园叠山技艺（冬山）

图 2-57　古建修复（承德避暑山庄）

植物造景为主。中国园林文化自古以来都讲究润物抒情、以物（植物）寄情，如妇孺皆知的"岁寒三友"——松、竹、梅。古树名木作为活的文物（还包括名人手植树等），是蕴含着历史和文化韵味的自然要素。在公园建设中充分挖掘古树名木文化、生态、旅游功能，以古树群或以有特殊意义的古树为中心，因地制宜打造集休闲娱乐、健康养生、文化旅游的特色主题公园、休憩区，往往更具独特魅力（图 2-58~图 2-61）。

一些历史典故的表达也可以依托园林植物等自然要素来展示、表达。如"曲水流觞"是古代文人以水为主题做的娱乐活动，现代城市公园中为了表达"曲水流觞"的意境，常常寓意于水，通过水体的形态展现情境，或者以抽象的曲水来反映主题（图 2-62）。"知鱼"的典故也与水有密切关系，具有丰富的历史文化内涵，可以利用水池和其中的游鱼，创造具有意境的园林景观（图 2-63）。

图 2-58　北海公园内知名古树——"白袍将军"

图 2-59　北京中山公园辽柏

图 2-60　福州森林公园古榕树

图 2-61　拉萨龙潭公园古柳

图 2-62　北京园博园中的流水印

图 2-63　公园中的"知鱼"主题景观

2.2.2 时代特征表达

公园文化的时代特征主要通过公园外貌、建园主题及专题景观来体现，既需要有鲜明的时代特征，又要有合适的载体和园林表达形式，这是公园文化建设需要重点考虑的问题。

历史经验告诉我们，有什么样的城市发展建设理念，就必然有什么样的公园和公园文化与之相匹配，这是公园文化的社会性和时代特征所共同决定的。以人民公园和解放公园为代表的公园文化体现了中国人民站起来了的时代精神，反映了人民当家作主的时代风貌；1992年开始的园林城市创建代表着中国人民富起来了，更关心生活与工作环境品质；而公园城市建设则代表着中国人民不仅富起来了、强起来了，更关心人与自然能不能和谐共生、城市能不能高质量可持续发展，并面向未来提出了解决世界上城市环境问题的中国方案。

1. 树立正确的指导思想

公园文化具有很强的时代性，所以在公园文化建设中要顺势而为。从历史发展看，经济发展水平越高，园林建造的水平也会越高，其中蕴含的历史和文化内涵也更为丰富，相反在社会动荡不安的时期园林发展较为缓慢，正所谓盛世兴园林！在现代社会中，公园设计不仅要依据地形、气候、民俗、历史文化等，还要依靠现代科技和成熟的建设理论，全方位地推动公园建设和发展，在凸显历史文脉和文化传承的同时，也要让人们感受到古今的变化，切实领悟公园文化的时代性。

当前我国进入新时代中国特色社会主义事业发展的新阶段，满足人民对美好生活和优美生态环境日益增长的需要已成为城市发展建设的根本目标，城市建设要全面落实"以人民为中心"的发展理念，这也决定了公园文化建设需要落实新时代五大发展理念，以高质量可持续发展目标指引公园建设，始终坚持以人为本的发展理念，从根本上满足人民对美好生活的需要。这是公园文化建设的指导思想和根本遵循。

公园文化建设的目标是传承中华优秀传统文化，实现人与自然和谐共荣，因此必须做好传统文化和当代文化的结合，既要做好文化传承，又要有所创新，充分体现"以人为本、绿色福利均等享受、美好共享空间就近进入并可享受、可感知"的公园文化建设理念，以300米见绿到500米见园为目标（图2-64）构建公园体系（图2-65），并在老百姓身边建设各种小型绿地、小公园、街心花园、社区小型运动场所等（图2-66），充分关注老百姓的身心健康需求，合理设置文化艺术及科普教育功能、芳香疗愈功能以及健身康体、社交娱乐等功能，让这些绿色开放共享空间成为老百姓日常生活中不可或缺的"第三空间"，成为社会公众喜闻乐见的身边美丽花园（图2-67）。

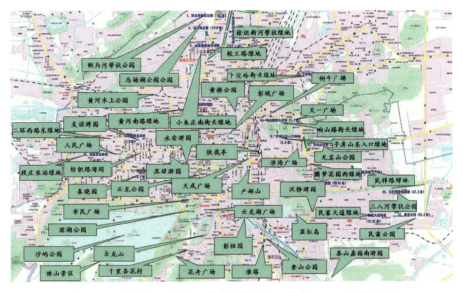

图2-64 徐州市公园分布图（目标是老百姓出门500米见公园）

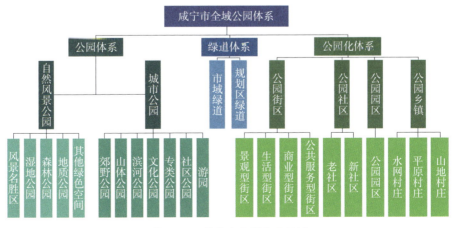

图2-65 咸宁市公园体系规划

图 2-66　城市十字街头的口袋公园（左）、地铁出口的小游园（右）

图 2-67　居住区花园

2. 明确表达的基本原则

　　文化都会在历史性的演化中体现出时间性特征，因此与时俱进是园林文化的根本性质。园林文化是与民族精神、人的精神面貌以及人的心理需求等密切相关的，归根结底都是一定社会历史背景、生活条件、经济状况等的反映。公园作为文化保护传承与发展的重要阵地还具有渗透式教化功能，其文化建设要遵循以下原则：

　　一是要紧扣时代发展脉搏，突出时代特征；二是正确处理好保护与传承的关系，积极探索如何在开放共享、绿色福利普惠的新形势下体现传统园林的意境与文化韵味；三是守正创新，注重创新成果的应用，用新材料、新技术、新理念表达园林文化内涵、突出园林文化对百姓的情操陶冶、心灵慰藉、精神需求满足方面的作用，而且要雅俗共赏、新旧共生。如北京中山公园"来今雨轩"的名吃冬菜包子近年来成了"网红"，引得大批游客慕名而来尝鲜，那是因为这外观像鸟笼状的包子与大文豪鲁迅先生有着深厚渊源。当年鲁迅先生光临"来今雨轩"有三事，写作、会友、尝鲜，和现在年轻人在咖啡馆结伴"搬砖"异曲同工，对于饮食极其挑剔的他独爱这里的包子。还有北海公园的小窝头和肉沫烧饼，相传慈禧太后爱吃。百年后的今天，店里的师傅从面到馅复刻了当时的手艺，经典永流传。"来今雨轩"曾经留下了民国知识分子的欢声笑语，在这里，鲁迅译成《小约翰》，张恨水完成了代表作《啼笑因缘》，京派文人创办了《大公报》副刊、《新语丝》杂志都将此作为社外聚点，这里还留下了政界领袖的交锋和博弈，近代史上的很多重大事件都在此写下了脚注。现如今这里通过历史场景、故事的挖掘、再现，以老百姓喜闻乐见的饮食为媒介使文化得以彰显。

3. 用园林手法合理表达新时代特征

新时代是我国日益走近世界舞台中央、不断为人类作出更大贡献的时代，只有全面深入了解中华文明的历史，才能更有效地推动中华优秀传统文化创造性转化、创新性发展，更有力地推进中国特色社会主义文化建设，建设中华民族现代文明。尤其在应对全球气候变化、实现"双碳"目标、构建人类命运共同体等方面，中国既有能力也有责任为世界作出贡献，中华文明深厚的历史积淀能够在人居环境领域提出优秀的中国方案。

基于新时代发展的基本特征，传统园林文化传承发展和公园城市目标指引下的公园文化建设，需要从弘扬祖国优秀传统文化和展示时代文明风范相融合的角度着手，赋予公园以浓厚的精神文化底色，彰显具有中国特色的时代特征，传播独具中国特色的生态文明理念，展现中华优秀传统文化恒久魅力，提升中华民族的文化自信。

例如，生态环保与节能方面，在全球能源告急的今天，节能降耗是每个公民义不容辞的责任，作为公园设计师应当承担起通过公园文化建设传播、提升全民生态环境保护与节能意识的责任（图2-68）。上海世博园后滩公园的设计理念倡导生态之美、丰产与健康的作物与野草之美，生动地诠释了"城市，让生活更美好"的上海世博理念，整个公园借鉴农业文明和工业文明的成果，建立了一个可以复制的水系统生态净化模式，通过生态化的设计，实现了生态化的城市防洪和雨水管理，也实现了低成本维护。

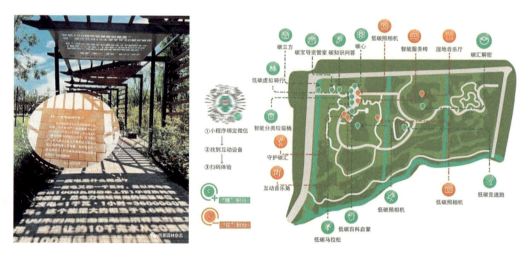

图 2-68　北京市温榆河公园"一度电的故事"光影实景（左）和碳积分地图（右）

节约型绿地建设方面，随着社会和经济的发展，提倡节约型园林绿化，探索出一条具有本地特色的城市园林绿化之路，成为近年来园林发展的一种趋势。节约型园林就是指按照资源合理与循环利用的原则，在规划、设计、施工、养护等各个环节中，最大限度节约各种资源，提高资源的利用率，减少能源消耗。节约型园林是可持续发展的城市绿化，旨在绿化建设中以"阐释自然观"为文化主体，营造适宜的自然空间和场所，实现人与自然的和谐共存，其中雨水合理利用等是比较典型的途径（图 2-69）。

图 2-69　雨水花园

2.2.3 地域文化表达

1. 地域文化的内容

地域性包括城市所处地域的气候、植被、地形地貌、历史文化等内容。气候具有独特的地域性,与纬度、经度、海拔等因素有关,特定自然环境是一个地域的基本特色,地形地貌、气候条件、植被分布等是大自然给予一个地域的特性财富,决定着该地域的景观背景,也影响着人们的生活方式,由此产生了南北方的显著差异,重视并尊重自然环境差异是园林景观设计的基础。而文化是一个地域的精神倾向,地域文化代表了一种场所精神,在社会发展日新月异的今天,人们越来越意识到地域文化的重要性,并将地域文化作为追忆过去的精神寄托。因此,我们需要一个具有鲜明特征,通过表达可以传承城市地域文化的场所,公园就是这样的理想场所(图2-70)。

地域性特色是指某一地域在自然环境、历史文化、风土人情等方面所表现出的区别于其他地域的特征。地域性特色既体现了异于其他的特殊性又包含了自我的延续性。显著的地域特色能够赋予园林景观鲜明的个性,保持园林景观的多元化和异质性,打破园林景观设计中模仿、重复、千园一面,缺少设计感的尴尬(图2-71、图2-72)。

公园文化建设中的地域性特色源于设计者对场地完整的"地域性思考",通过园林景观语言的转化,以空间艺术形式呈现。设计者要联系设计场地所处地域的自然景观和人文景观特质,运用符号元素提炼、空间布局、意境营造等手法,从视觉、氛围、空间体验和情感共鸣等方面树立景观的地域个性,并获得人们的认同,如可根据地域的气候特征,或者独特

图2-70 民族地区公园——拉萨龙潭公园

图2-71 上海辰山植物园

图 2-72　林芝古柏公园

图 2-73　青海原子城纪念公园

的植物造景，设计独特的园林景观；根据不同地区的特殊地形包括平原、丘陵、盆地、河道、湖泊等，展现地形在形态上的独特之美。青海原子城纪念公园是一座富有纪念意义的公园，其中的纪念馆入口门楣上镶嵌着三块青黑色石雕。石雕中间是核裂变的图案，这个景观设计方案体现了中国人民谋求和谐，向往和平的美好意愿（图 2-73）。

2. 地域文化的表达形式

地域文化的特质要素（也可称之为文化基因）包括地形地貌、河流水系、乡土植物、市树市花、本地原生动物、本土建材、传统建筑、历史街区、天际线、地方故事与传说、地方习俗、古树名木……

在公园文化建设中地域文化表达形式主要包括：

（1）通过地带性植被和生态群落

利用地带性植被和相关的物种，构建典型的植物群落，可以很好解决当前公园绿地中植物群落结构简单、稳定性不高、养护成本居高不下等问题，又是表现地域文化特色的重要手段。

地带性植被又称地带性群落，是指由水平或垂直的生物气候带决定，或随其变化的有规律分布的自然植被，这些植物种类能充分反映一个地区气候特点，是一个地域独特的地理景观，每一个地域的植被都是最原始的、最和谐的景观。在公园中合理利用地带性植物构建近自然的植物群落，具有鲜明的地域特征，一些特殊的植物可以很容易辨识出来（图 2-74）。

植物是园林景观中重要的基础性构成元素，而且受自然环境影响最大，在公园建设中根据地域自然环境条件选用乡土树种，合理构建植物群落，科学配置植物景观，是塑造景观地域特色的有效途径。设计师在利用植物设计园林景观、表达园林文化时要考虑当地的气候特征，选择合适的植物。例如各地的植物园收集和展示不同地带性植物，体现了不同的地域文化（图2-75、图2-76）。

（2）通过当地的建筑风格、营造技艺

中国园林中的建筑要可行、可观、可居、可游，一方面起着点景、隔景的作用，另一方面其本身就是景观，可独立成景。由于各地历史文化不同，建筑也呈现出不同的风格。北方的建筑较为厚重，而南方的岭南地区具有热带风光，建筑物都较高而宽敞。

无论是北方敦厚稳重的宫殿，还是南方玲珑轻巧的亭廊，都是为适应当地气候而建，其地域性分明的建筑特色决定于自然环境条件。公园的建筑方式和地域文化有着密不可分的关系，一个好的建筑总能体现出城市的历史文化和历史发展进程。

与建筑营造相匹配，一些技艺也具有鲜明的地域特征，形成了不同的流派，每个流派都有自己的风格和特殊识别内容，此外一些地域流派明显的园林内容也成为表达地域特征的要素，比如叠石、盆景等技艺。扬派和苏派的叠石技艺不完全相同，盆景艺术也能很清楚地看出地域特征和流派特色（图2-77~图2-80）。

（3）通过当地的民俗风情

每个城市都有自己独特的地域文化，历史文脉是地域文化的根基，挖掘城市的地域文化通常需要首先搜集

图2-74 深圳莲花山的特色植物景观
（美丽异木棉一树成景）

图2-75 西双版纳热带植物园

图2-76 吐鲁番沙漠植物园

图 2-77　不同流派盆景

图 2-78　盆景园中的各种盆景

图 2-79　北京植物园盆景园

图 2-80　扬州瘦西湖杨派盆景博物馆

历史资料，梳理相关的历史文脉。公园文化建设需要将地域文化融入公园规划理念中、设计要素里以及建设表达上，由此更好地传播、强化表达、彰显并创新发展地域文化，增强人们的归属感和自豪感。

特定地域环境中的文化习俗、风土人情是维系使用人群和场地的情感纽带，决定了人们的观念形态、价值标准和行为模式，从而决定了当地园林景观的发展方向。只有设计灵感来源于大众，景观功能服务于大众的园林景观才会接地气、有人缘。将当地的地域文化、传统习俗融入园林景观之中，引导人们亲身体验并参与，才能激发人们对场地的认同感，对地域特色留有深刻印象。民族园或民族风情园等一些体现民族风情的公园成为公园文化中独具特色的形式（图 2-81、图 2-82）。

（4）通过环境地貌修复再现

公园的景观设计更能表达出整个城市的风土人情，因此在设计过程中需要着重融入地域文化的特征。浙江良渚文化公园建设中，还原了良渚文化原始的地貌，采用了城墙、宫殿、反山王陵的三重结构，将良渚时期的

图 2-81　云南民族风情园

图 2-82　北京中华民族园

手工业、农业进行了还原。公园内使用不同的植物来进行标识，用大片的水稻还原了良渚时期的居民生活方式、水域资源等，仿佛让人看到有白鹭从天空飞过，或白鹭在田间停留。此外，其城墙基本上都是用三叶草来进行标记的，既保护了地形，还不会引发水土流失，并兴建了良渚博物院，展示了悠久灿烂的良渚文化（图 2-83）。

图 2-83　良渚遗址公园南城墙（黄亦工　摄影）

2.3　公园文化的主题表达

　　德国思想家、都市公园的倡导者希尔施菲尔德认为公园兼具人文与自然内涵，是各阶级融合的场所，是传播文明礼仪、获得人际交往的平台。公园除了景观、设施等硬件优势，应该传达出其不同于其他公共空间的审美价值、人文情怀和乡愁记忆，从而映射出一座城的意识形态和精神面貌。

因此，公园文化的主题表达应有历史、文化的重要信息和特点，体现出公园中园林景观文化艺术魅力，让人能体味到"形外之意，景外之情"。

2.3.1 题名凝练

1. 园林题名

园名和景名需要反映造园宗旨理念、主题功能定位和建造者的学识修养，更需要反映公园的文化意蕴和人文情怀，使游览者流连忘返，回味无穷（图2-84）。

中华人民共和国成立后很多城市的公园命名为人民公园和解放公园，就很好体现了公园文化的时代特征。具有代表性的还有郑州碧沙岗公园，是民国时期冯玉祥将军为纪念北伐国民革命军第二集团军阵亡将士而建，园名"碧沙岗"取自"碧血丹心，血殷黄沙"，冯玉祥将军亲笔题名，以石雕刻，嵌在北门之上。

上海长风公园于1959年国庆节正式对外开放，由时任上海市委书记处书记魏文伯题名，园名取《宋书·宗悫传》中"愿乘长风破万里浪"之意，同时又取毛泽东主席1958年为江西省余江县消灭血吸虫病而作的七律《送瘟神》中"天连五岭银锄落，地动三河铁臂摇"一句，将园内的人工湖命名为"银锄湖"，大土山命名为"铁臂山"，反映了浓浓的时代特色。

北京的陶然亭公园是一座融古代与现代造园艺术为一体的、以突出中华民族"亭文化"为主要内容的现代新型城市园林。它是中华人民共和国成立后，首都北京最早兴建的一座现代园林，有"都门胜地"之誉。清代陶然亭名取唐代诗人白居易"更待菊黄家酝熟，共君一醉一陶然"之诗意，为亭题额曰"陶然"，这也是公园名称的由来（图2-85）。

园名不仅仅是文字上的意义，还有名人和书法等的结合，园主人多延请名家题写园名、景名或题额，名家

图2-84　杭州花港观鱼

图 2-85　北京陶然亭公园

图 2-86　无锡寄畅园康熙皇帝题字

书写园名增加了公园的知名度，也增添了文化韵味（图 2-86）。如天津人民公园的园名为毛泽东主席题写，上海人民公园的园名由陈毅市长题写，各地的公园也多由当地的文化名人或书法名家所书写，既有文学意蕴，又是一种艺术与园林结合的理想展现。

2. 景点命名

古时景点题名被称为"点景"，亦即起画龙点睛之作用。景点题名也多来自历史典故，即所谓用典，特别是匾额楹联一直是古典园林中景点建设中的重点。中国园林自古以来特别注重科学与文化、艺术的融合，注重花草树木、楹联匾额以及亭台楼阁等造园要素的文化韵味，旨在体现诗情画意、给人以文化艺术熏陶。因此，在公园文化建设中，园内每一个景点都有一个相对应的名字，以便于对景点进行外宣推广，同时也高效地对景点总貌进行了概述，提升景点本身的欣赏价值，为其赋予饱满的诗意。古典园林内诸多景名来自于诗词歌赋，很多以集景题名的形式出现，如北京著名的燕京八景（图 2-87、图 2-88）。

植物作为园林中体现季相变化的生命要素，自古以来与园林景点的形成有着直接或间接的关系，很多古代园林景点都冠以植物命名，例如梧竹幽居（图 2-89），竹西佳处（图 2-90）、牡丹亭，很多园名甚至与植物直接相关，如扬州个园（取竹字的半边）（图 2-91）、北京紫竹院公园、无锡梅园（图 2-92、图 2-93）。发展至今，植物已成为园林中面积占比非常大的点景要素，以植物或植物景观为主景或配景的园林景点越来越多（图 2-94），为了彰显景点的文化性和独特性，对其景点的命名成为园林设计中的重要环节。

图 2-87 北京北海公园"琼岛春阴"

图 2-88 北京香山公园"西山晴雪"

图 2-89 苏州拙政园梧竹幽居

图 2-91 扬州个园

图 2-90 扬州个园竹西佳处

图 2-92 北京紫竹院公园

图 2-93　无锡梅园　　　　图 2-94　北京玉渊潭公园中的植物景观

2.3.2　形象塑造

1. 园容园貌

园容园貌是首先直接影响游客入园感受的。因此，营造干净整洁、和谐安全的环境非常重要。通过提升园容园貌，努力为群众提供舒适、优美、赏心悦目的休憩娱乐场所，是公园建设也是文化建设的基础性工作。

园容园貌的塑造一是园容设施类，园内各项设施维护得当，保持整洁美观，样式、风格应与公园景观、历史文化特点相协调；二是景观绿化类，植物配置科学合理、层次分明，具有较高的园艺及养护水平，积极推进植物新品种、新技术、新工艺的应用和特色植物景观打造，但严格禁止过度设计，过度密植，过度营造大水面、大草坪、大色块、花田花海以及移植大树古树和所谓的名贵花木等；三是卫生保洁类，能够实现时时干净、处处干净，加强绿地日常保洁管理，提倡公园枯枝、落叶就地减量化、无害化、资源化处理和科学循环利用，无焚烧垃圾树叶等污染环境现象；四是安全保卫类，能够配备专（兼）职安全生产管理员，完善安全生产管理台账，加强重点部位、重点环节、重点时段安全管理，及时发现和消除安全隐患；五是服务保障类，通过公园电子信息屏、多媒体触摸屏、门户网站、手机应用程序、微信公众号、微博账号等渠道向游客推送游园信息，信息内容可包括公园（景点）简介、游园须知、服务电话、乘车路线、电子导览图、活动预告、游客量信息、出行提示等。

在公园园容园貌的塑造过程中，应该始终坚持以人为本，以高标准精准化服务游客为宗旨，以自然和谐为目标，注重景观特色和地域文化的保护与发展，通过综合开展园容园貌综合整治，实行精细化管理，不断提升公园整体形象（图2-95）。

2. 文化形象

标牌标识具有直观、形象、与文字相辅相成等特性，是公园文化建设不可忽视的要素。公园标牌标识作为城市整体形象的重要一面，已成为视觉传送最有效的表达方式之一。公园建设中应着力塑造公园的窗口文化形象，进一步展示公园文化的内涵，提升公园知名度。

公园是面向全体公民开放的美好共享空间，它既体现城市（地方）的文化建设成就，也展现城市的精神风貌，更可为大众提供休闲放松、修身养性的场所。公园形象标识是城市符号的重要组成部分，也是展示城市文化的重要名片。武汉市实施了公园形象设计，解放公园、中山公园、沙湖公园、武汉动物园、龟山公园、月湖公园、科普公园7个公园和1个公园联盟形象设计调性（独有的语言、视觉识别）让受众耳目一新，既有艺术的统一性，又有艺术的特殊性（图2-96）。其他地区公园的形象标识也各有千秋（图2-97）。

3. 主体鲜明

公园文化主题可以从自然风光、历史人文或政治文化等角度考虑，将一种或多种文化元素融合在一起，通过科技手段、游乐项目、景观小品等方式，因地制宜、合理表达，一方面要有丰富的文化内涵，另一方面要给游客提供相关文化主题场景体验，由此提升文化的宣传保护、创新传承，并通过开展丰富多彩的文化活动提升其社会影响、提升人的心灵、实现情感共鸣。如廉政文化教育与公园建设的融合就是各地常见的公园文化主题（图2-98）。

图2-95　公园里的节日花坛

图 2-96　武汉市公园形象标识

图 2-97　北京市属公园标牌　　　　图 2-98　廉政主题公园

2.4　公园城市中的公园文化建设

2.4.1　公园和城市文化的关系

城市文化是人们在改造自然、建设城市、提升社会形态及自我意识的过程中，创造的物质和精神财富的总和，是城市人群生存状况、行为方式、道德规范和城市风貌的总体形态。它涵盖物质文明、精神文明、生态文明、政治文明四个领域，包括政治、经济、文化、生态以及市容市貌、市民素质、社会秩序、历史文化等诸多方面。

随着社会的进步，人们的精神需求愈加强烈。新形势下，满足人民对美好生活和优美生态环境日益增长的需求已成为城市建设发展的宗旨目标，因此需要物质文明、精神文明和生态文明的相互融合，以满足群众对城市家园建设的美好愿望。一个城市的文化氛围、思想观念、市民的精神面貌和行为规范对社会经济发展具有不可估量的影响，文化经济一体化成为现代社会发展的新趋势。想要正确引导城市发展，提高城市品位，增加城市竞争力，必须加强对城市文化建设的重视，形成城市独有的文化特色。

2.4.2 文化导向下的公园建设

公园文化建设中应坚持品质提升，公园城市建设中的公园文化，更应该注重突出公园特色和个性魅力，坚持文化引领，注重塑造公园文化风貌和内涵，坚持以人为本，注重提升公园为民服务的水平与精准性。通过开展丰富多彩的文化实践活动，彰显公园的文化个性，提升市民幸福感和满意度，创造良好的社会效益，从而推动城市中文化旅游业协调发展。

文化是城市发展的灵魂。一个城市的独特个性，不仅仅源于它的自然环境，更在于它的历史积淀、文化传承和地域风情。这些无形的文化资产，很大一部分沉淀在地方传统的生活方式和文化遗产中（图2-99）。这些历史和文化遗产是时间在空间中的延续，是承载历史文化特质基因的具象，其中蕴藏着很多历史的记忆，承载着人们对家园和故乡的记忆，使人获得对环境和文化的认知。城市建设要善于留住、用好这些历史文化遗产，保护城市的历史风貌，包括有历史和文化价值的

图2-99 长沙岳麓书院中爱晚亭

图 2-100　公园里的美好共享空间—百姓和谐共享的"城市客厅"

建筑群、体现地方特色的民居和街区、祖祖辈辈创造积累传承下来的民俗风情、传统工艺等。相比于大拆大建之后堆砌一些现代元素符号，对历史文化进行重新塑造更有价值，更能激发城市活力和促进城市高质量发展。

公园城市中应发挥公园所具有的面向市民群众开放共享的"城市客厅"功能（图 2-100），构建科学合理的公园体系，以提升开放空间活力、修复城市历史空间、传承地域文化特色，以及用中国园林承接国际交往功能，实现多元共生、开放发展。结合不同城市地域历史与特色，形成多元文化主题的绿色空间，全方位展示城市文化特征，彰显地域文化魅力；建设标志性景观，全面增强文化识别性；依托绿色空间，增加文化设施，策划民俗文化活动，强化人们对文化的感知体验，提升公园城市文化内涵；美化城市"第五立面"，强化重要山体、标志性高层建筑以及重要公共建筑眺望可视范围内建筑屋顶的管控。

2.4.3　公园城市中的公园建设创新

公园城市建设的目标是从"园在城中"转变为"城在园中"，由"老百姓身边有公园"转变为"让老百姓诗意栖居在花园般的公园城市"，本质

图 2-101　成都依田桃园—公园城市建设中的人与自然和谐共生

上需要突破"人凌驾于自然之上、人的需求至上、人定胜天"的传统思想，上升为"人与其他生物一样都是自然之子，要以人类的智慧与理性，善待、敬畏大自然，并与之和谐相处"（图 2-101）。因此，公园文化建设需要守正创新、创新理念，突出生态价值，强调生态优先、保护优先、自然和谐。城市规划、建设、更新等都要以保护上天赐予的自然资源和祖祖辈辈传承下来的历史文化为前提，以山水林田湖草沙等自然资源承载力为底线，而不是盲目贪大求洋、求新求异。

公园城市是城市发展的内在需求，以期实现人与自然、自然与自然、人与人的和谐共生、繁荣发展，最终形成人与自然和谐共生共荣的生命共同体（图 2-102）。因此，需要城市规划、建设、治理上的大胆创新，转变理念，变革机制和创新模式。

图 2-102　人、城、园和谐共生的生命共同体

图 2-103 成都市的公园

图 2-104 深圳市的公园

转变理念。传统意义上的绿色建设都是在城市中建设公园，即"园在城中"，而公园城市的理念则是将其转变为"城在园中"（图 2-103、图 2-104），因此，首先人们要转变自己的观念，不可自恃"人定胜天"，而应清醒地认识到大自然是人类生存与发展的基础与保障，要尊重自然、顺应自然、保护自然、基于自然（即以自然资源承载力为底线约束），把生态保护与生态价值转化作为首要目标，将欲望（需求）控制在自然资源承载力范围内。公园文化建设需要传递正确的思想理念，彰显生态文明核心理念价值。

图 2-105　拉萨龙王潭公园与城市的关系

变革机制。以国土空间规划"一张图"为公园城市的空间引领，将有生命力、有活力的绿色空间作为基础要素，并在规划中首先考虑蓝绿空间总量、布局等，将人、城、园统筹融合，构建充满生机与活力的生命共同体。明确每一个公园的用途，通过公园体系规划来实施公园空间布局、规模、类别、功能定位等的控制（图 2-105）。因此，公园文化建设需要围绕构建人、城、园和谐共生的生命共同体来谋划、实施，以激发活力、满足人的精神需求为主要目标。

创新模式。在遵循城市历史演变的前提下由传统城市向公园城市转变，但必须因地制宜、分类分区施策，且循序渐进、久久为功。在老城区实施"+公园"模式，以补短板、惠民生为重点，针对老城区的老、破、小、少（甚至无）等突出问题，在现状摸底评估基础上，绣花一般实施增绿提质行动，"点穴"一般增加公园游园，并丰富其文化内涵、提升文化品位，切实改善人居生活环境，打造公园化住宅区；新城区推行"公园+"的模式（图 2-106），以公园为中心，将其作为绿色基底，再围绕绿色中心布置各类市政基础设施和包括文化服务在内的生活服务设施（图 2-107），将居民住宅（图 2-108）、商业服务设施及公共休闲服务设施等打造成公园化城市空间单元（图 2-109）。

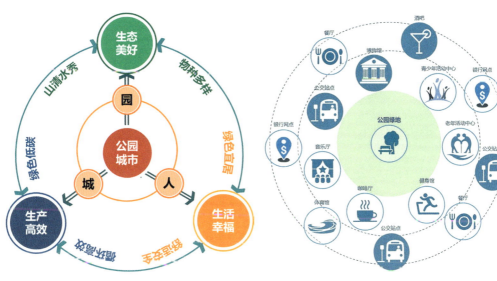

图 2-106 "公园+"公园城市建设模式图　　图 2-107 以绿色空间为基础性前置性规划要素的公园化创新模式

图 2-108 公园化生活区（居民住宅旁的公园）

图 2-109 公园化生活区（公园与民居融合、生产生活生态融合）

本章小结：面向公园城市的公园文化建设，需要在深入了解城市历史文脉，了解地域文化特色等的基础上，选择合适的形式进行公园建设和管理，使公园文化在凸显城市特色、塑造城市形象等方面发挥更大的作用，同时，还需要通过各种文化活动（诸如公园文化节）来传播文化、提升全民文化素养以及传承保护历史文化资源、创新发展特色文化的意识和自觉性。

第 3 章

公园文化建设实施与保障

公园文化可以提高城市品位，树立城市形象，但公园文化建设离不开城市发展中全社会关注、全民参与以及政策、制度、财政、技术等方面的保障。基于公园城市目标指引的公园文化建设，涉及多元化的公园文化建设主体与多维创新的建设模式，需要城市管理者从制度、人员、资金等各个方面加强协调与组织，全市一盘棋、统筹兼顾，保障公园更好地发挥文化保护传承与创新利用的平台作用，助推公园城市建设高质量发展。

3.1 公园文化建设的实施

公园文化建设与城市建设发展及城乡精神文明建设有着密不可分的关系，它们之间存在内在的相互依存关系。某种程度上，公园文化建设和公园管理水平是城市文明的重要标志之一，公园及公园文化建设正日益成为面向未来城市建设与发展的重要内容，尤其是当前公园城市建设背景下，高品质的公园文化环境无时无刻不在陶冶着人的情操，净化着人的心灵，提升着人的素质，并增强人的幸福与身心健康指数。公园文化建设的实施过程，就是传统文化、时代文化和地域文化等逐渐凝聚在公园中并不断增益其功能的过程，目标是使公园更好地发挥上述综合功能，切实提升人民群众幸福感、获得感。

3.1.1 公园文化建设的实施主体

1. 公园建设的主体

公园是城市中具有生命特征和文化内涵的生态基础设施，是为城乡居民及游客提供游憩观赏和文化休闲功能的美好共享空间。公园要姓"公"，其突出特性是面向全社会开放、为全民服务。城市政府是公园体系规划的实施主体，应按照老百姓需求和城市生态安全保障、城市发展需要规划各种类型的公园，合理布局公园的场址和规模。大多数公园都是政府主导投资建设的，其运行管理也由诸如公园管理处、公园管理中心等公益性管理机构负责。也有一些公园是私人或者企业投资兴建的，但都是面向全社会开放共享。如始建于2003年的大连英歌石植物园（图3-1）是全国首家由民营企业投资建设的综合性植物园，2014年4月正式开园，全园占地面积95.57hm^2，引种收集各类植物，是集植物科研、科普、旅游休闲于一体的综合性民营植物园。该植物园主要通过组织花艺花事、节庆等文化艺术活动来收费以维持其运行。

此外，还有一些市民集资兴建的公园。如福州左海公园（图3-2），1990年由当地村民集资4000多万元兴建，是"福州市区面积最大的公

图 3-1　大连英歌石植物园（手绘）

图 3-2　福州左海公园（手绘）

园"，公园内专门设置了"五洲风光"主题区域。1995 年深圳龙岗区南岭村村民集资 6000 万元建造了一个占地 53 万 m^2 的山水公园，园内景点包括中国历史长廊、长征雕塑园、仿古长城、丰富多彩的客家民俗园、精彩有趣的游乐园、十二生肖园等（图 3-3）。这些由村民集资兴建的公园主要服务于当地，采取主题区域或者特殊景点收费的方式维持公园的运营，近年来逐渐成为当地的文化特色景点，其在文化建设方面有与其他公园不同的特色。

图 3-3　深圳南岭村山水公园（手绘）

2. 公园文化建设的主体

公园作为现代城市的一张绿色和文化名片，对于传承城市文脉、建设生态文明等都具有非常重要的意义。公园文化建设是公园的灵魂所在，只有加强公园文化内涵的体现，才能建设出具有地域特色和品牌价值的公园。不管是政府主导建设还是其他主体投资兴建的公园，其文化建设与公园的发展密切相关，离不开公园建设者和后期的运营维护与管理者在文化建设、保护与提升等方面的持续努力，涉及从决策、规划、设计、施工、运营管理、文化传播到公园改造提升的全生命周期。

一般来说公园文化建设的实施主体包括公园规划设计者、建设者和管理者，也包括公园建设的决策者和公园建设投资主体等，后者通常对公园文化建设起到非常重要的方向主导甚至决定性作用。公园的规划者、设计者、施工建设者，以及参与公园文化品牌塑造和宣传等的其他社会力量，则主要影响公园文化建设的具体内涵、品质及其持续生命力，尤其是规划设计者、施工建设者都是园林专业从业者，他们对公园文化、地域历史文脉、传统园林文化以及自然文化与人文的融合等的理解，以及对公园文化特色的表达方式、文化艺术的塑造等技能等的掌握，都决定着公园文化建设的深度和方向。

随着社会经济的进步与发展，公园的类型不断多样、内涵不断丰富、功能不断多元，公园文化建设的主体也在发生变化，公园文化也在不断地发展与演进，公园文化建设呈现出时代特征与地域特色。如企业投资兴建的公园，在满足为市民群众提供开放服务的同时，公园文化建设通常会带有企业文化特色。此外，有些城市公园在积极探索文化建设的多元主体，吸收社会力量参与公园文化建设（图3-4），也取得了很好的社会效果。

图3-4 北京双秀公园内与企业共建的园艺生活体验中心

3.1.2 公园文化建设实施的流程

公园的文化建设并不是一朝一夕的事，从公园体系规划之初就已经开始，贯穿包括策划、规划、设计、施工和建成后的运营管理的整个过程中，可以说是一个全生命周期的发展过程。通过公园规划建设、经营管理和相应的文化传播，公园的功能逐渐完善，公园的文化内涵不断丰富，公园的社会影响不断扩大。

1. 基于文化传承的公园规划

公园文化建设应从公园设立动议提出开始，就与文化建设建立起密切的联系，这一阶段主要包括确定场址与范围，确定公园的园名与文化主题等，为建设公园而开展深入全面的调研，在此基础上做好公园的规划（图3-5）。

公园规划直接影响后续公园文化建设中的历史文化挖掘、投资规模、设计方案等。各级政府要根据本地区的社会发展情况、经济实力、人口规模、城市化程度、民众需求、市场条件等因素，统筹考虑本区域内公园的数量、规模、类别和布局等，做好公园体系规划，在公园体系规划指引下，结合本地区社会经济现状水平等制定公园建设发展计划，并对公园建设项目进行科学论证、严格审核把关，其中公园文化建设内容、形式等还应与

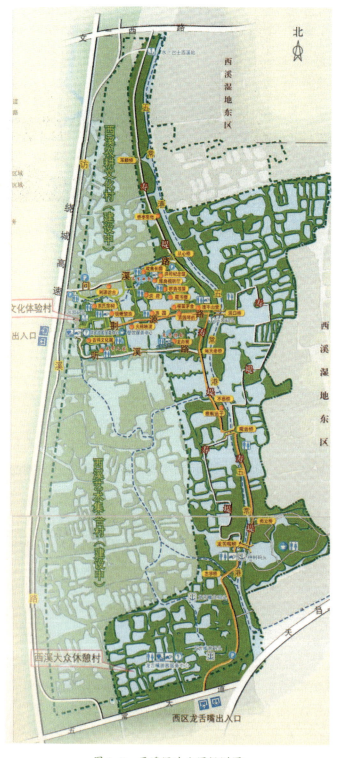

图 3-5　西溪湿地公园规划图

城市文化、旅游发展等重大规划对接、协调。

科学规划方面。公园体系规划首先要从文化视角考虑，充分理解公园文化的定义和概念，全面发挥各级各类公园的文化保护与传承功能。同时，综合分析本区域实际，统筹研究公园所在地的地域特质和历史文脉，在此基础上科学论证本地区公园中长期发展规划，确定本地区公园的数量和布局，合理界定公园的主题和定位、公园范围，明确公园的规模等级，合理规划布局和公园的选址。

合理布局方面。公园选址应当符合当地土地利用总体规划、城乡总体规划以及绿地系统规划、公园体系规划等的要求。要统筹考虑公园项目的特点（类别、等级、规模、特色等），充分考虑公园周边（不同类别不同规模的公园服务半径不同，中型以上综合公园的服务半径超过 1000m，口袋公园等小型公园服务半径一般为 300~500m）居民的需求以及入园游人的构成特征等，合理规划选址及布局，合理规划酒店、餐饮、购物、娱乐、交通等服务设施，严格控制与公园无关的住宅、写字楼等商业项目。

2. 基于文化体验的公园设计

基于文化保护与传承、文化体验的公园设计，应该符合政府主导下编制的相关城市规划以及其他上位规划，并符合法定程序，由政府决策、公园管理者具体执行，合理筛选重视文化体验、具有较高设计水平的设计单位进行公园的具体设计，公园设计方案中要充分考虑文化建设的相关要求。

（1）设计理念与总体原则

应立足于当地自然条件、环境现状及风貌特征，以植物造景为主，再以绿色为基底统筹融合人文内涵，充分协调休闲游憩、生态环保、科普教育、文化传承、防灾避险等功能。公园设计应遵循下列总体原则：第一，生态优先，保护优先。要注重与周边城市风貌和功能相协调，并应注重地域文化和地域景观特色的保护与发展。应延续自然地理特征和山水格局，保护山水林田湖草沙等生态要素，维持生态系统的原真性与完整性，保障生态安全；第二，因地制宜，适地适绿。应基于水、土壤等资源分布特征和承载力，综合考虑气候、地貌、生物多样性保护等因素，尊重自然，量力而行，宜林则林、宜草则草，适度保留原生荒野地；第三，节约集约，节能低碳。应高效利用国土空间，发展节约型园林，因地制宜营造园林绿化空间；应采用低碳节能环保技术、工艺、产品与材料，注重清洁能源使用，鼓励园林绿化垃圾分类处理与资源化利用；第四，因城施策，彰显特色。应综合考虑自然生态环境、社会经济条件、历史文化资源、城镇规模等因素，选用适宜的园林绿化模式，促进城绿协调发展，彰显地域特色；第五，以人为本，全龄友好。公园绿地的景区规划和景点设置，以及经典造园艺术和造景手法、造园要素和题名、楹联、诗词歌赋的应用等指导性内容都要充分考虑多元化群体的使用需求。公园设计中要做到巧于因借、精于构思，从主题立意、谋篇布局开始就要思考如何将文化融入园中，在山水格局、空间组织、景区划分、景点设置上对文化进行表述和布置，将文化展现在每一处景观之中，宜结合城市更新提升人居环境品质，采用人性化设计。

（2）公园设计的内容

按照《城市绿地分类标准》CJJ/T 85—2017，公园可以分为综合公园、专类公园、历史名园、社区公园等不同类型，在公园设计中应根据不同公园类型的特点、功能定位等进行公园文化内涵设计,这是体现公园文化的基本要求,也是公园文化特色形成的重要基础。

公园设计应基于现状条件,协调周边环境,对功能布局、地形与水体、道路与铺装场地、种植、配套设施、工程管线系统等做出总体设计。综合公园应提供游览、休闲、健身、儿童游戏、运动、科普等配套服务设施。专类公园应有其特定的主题内容和功能定位,如动物园应有适合动物生活的环境,供游人参观、休憩、科普的设施,安全、卫生隔离的设施和绿化带,后勤保障设施;植物园应创造适于多种植物生长的环境条件,应有体现本园特点的科普展览区和科研实验区;历史名园应具有历史原真性,并体现传统造园艺术;其他专类公园,应根据其主题内容设置相应的游憩及科普设施。社区公园应设置满足儿童及老年人日常游憩需要的设施;游园应注重街景效果,应设置休憩服务设施(图3-6~图3-8)。

(3)景观小品的设计

景观小品是公园文化内涵表达的重要方式,设计时要考虑公园里的自然资源与美学价值有机融合,最好能达到"虽由人作、宛自天开"的天人合一境界,妙趣天成,如此才能达到寓教于游、美美与共。景观小品设计的量度标尺要以人为本,在设计时需要遵循人的行为习惯、人的比例尺度

图3-6 南通植物园内自动售卖机

图3-7 无锡太湖广场樱花造型直饮水机

等。此外,景观小品的设计要从人们的实际需求出发,注重人的心理需求、情感需求,并综合考虑其造型、风格、数量、安放位置等因素,借此作为公园中的历史遗产保护、开发和利用的艺术手段。

在公园文化建设中,寻找寻恰如其分的文化要素和文化特质基因是关键点和难点,可以从场地背景的方方面面去梳理与提取,如历史典故、文学艺术作品、自然环境特征、传统民俗等。因此,文化导向下的公园景观小品、导向标识等的表达设计,应该从公园自身的文化主题出发,在对公园的文化资源深入挖掘与梳理分析的基础上,找出最具代表性的文化元素,使其成为景观小品和导向标识等的设计依据,从而更加凸显公园的文化特色(图3-9~图3-12)。

图3-8　公园里的配套服务设施
(左:北京玉渊潭公园里潮流文化商店　右:北京奥林匹克森林公园里主题餐饮服务)

图3-9　北京国家植物园内牡丹仙子　　图3-10　广州越秀公园内标志性雕塑—五羊雕像

图 3-11　北京陶然亭公园内兰亭　　图 3-12　成都龙泉驿公园熊猫主题雕塑

（4）历史文脉保护与延续

公园文化建设要妥善处理好保护和传承的关系，现有的具有纪念意义、生态价值、文化价值或景观价值的自然与人文资源，应通过合理的设计手法进行保护、彰显，并通过丰富多彩的传播活动予以传承利用，包括有文物价值的建筑物、构筑物、遗址地、遗存物等，以及古树名木、珍稀物种、历史典故等。公园内古树名木严禁砍伐或移植，并应采取保护措施。原有健壮的树木宜保留并合理利用。公园场地范围内原有的乔木、灌木、藤本和多年生草本植物，尤其是乡土植物等需要加以保护并合理利用。历史文脉保护与延续，既是公园文化建设的重要内容，也是留存历史记忆、彰显地域特色的有效途径。

北京皇城根遗址公园的设立是保护和传承历史文化、营造城市文化特色的有益尝试。北京作为历史文化名城和古都，历史文化积淀深厚，历史文化资源非常丰富，尤其是东城区人文荟萃、古迹众多，有着悠久灿烂的文化，这些是北京城的珍贵文化资源。如何继承、利用这一资源，并将它融入城市的现代化进程之中，是每一位城市的建设者、管理者必须思考的问题。皇城根遗址公园的规划设计，巧妙地运用恢复小段城墙、挖掘部分墙基、设立雕塑等手段，将古城的保护与挖掘人文资源、营造城市文化特色很好地结合在一起，再现了历史场景，唤起人们对北京皇城根的历史回忆。为了更好地保护和展示文物，广场内精心制作了玻璃围栏和磨砂玻璃展示牌，用图形和文字向广大游人介绍各文物的名称和渊源，通过公园文化表达生动讲述了北京作为古都的历史故事。在两个下沉广场侧壁上分别有两幅描金的线刻，一幅描述了当时皇城内外的生活场景，一幅为乾隆时期京城全图。同样位于北京东城区的菖蒲河公园，在公园设计中

图 3-13　北京菖蒲河公园

也很好地体现了历史文脉的延续。菖蒲河又名外金水河，因河中生长菖蒲而得名，是古代皇城水系的组成部分。公园设计时，在挖掘历史文化基础上，营造出"红墙怀古""菖蒲逢春""天光云影"等景点，再现了古菖蒲河的风情，并通过适当配置植物、设置雕塑小品，很好地烘托了历史和文化气氛（图 3-13）。

（5）标牌标识系统的设置

公园的标牌标识系统是公园文化展示的重要窗口，应根据公园的功能定位、建设内容、环境特点、管理需要等确定标牌标识的类型、风格、材质、色彩、安置位置等；在公园的主要出入口，应设置公园平面示意图、绿线公示牌、防灾避险标识牌及信息告示板等；在公园内道路主要出入口和多个道路交叉处，应设置道路导向标志、防灾避险标示等；在公园主要景点、游客服务中心和各类公共设施周边，宜设置位置标志；景点、休息亭、风雨长廊等附近可设科普或文化内容解说信息板；在公园内无障碍设施周边，应设置无障碍标识；可能对人身安全造成影响的区域，应设置醒目的安全警示标志。

3. 公园文化建设的实施管理

公园文化建设不同于一般的工程项目建设，不是简单地照图施工，建设全过程也是一个艺术再创造的过程，设计人员、施工人员与管理人员的及时沟通与密切配合非常重要。

（1）夯实公园文化建设工作基础

各大公园应查证可能与公园相关的古代地名、历史名人、历史故事、各类诗文、民俗民风，邀请文化名家书写楹联牌匾，整合成文字，在园区内打造或大或小的景点，用景观向市民讲述地域文化故事。

公园规划设计方案经过编制及确定后，需要对其中所涉及的公园文化建设工作部分夯实基础。北京皇城根遗址公园是北京市中心最大的街心公园，是在明清北京城的第二重城垣之"东皇城根"遗址上修建，内有石刻的明清时期北京地图、地下墙基遗存、复建的小段旧皇城城墙等七

图 3-14　北京皇城根遗址公园

大人文景观，还设计了近10个雕塑和浮雕，将古城的保护与挖掘人文资源、营造城市文化特色有机融合在一起，既再现了历史场景，也突出了公园的文化特质。以"绿色、人文"为主题，以植物造景为主、以文化为魂，塑造"梅兰春雨""御泉夏爽""银枫秋色""松竹冬翠"四季景观，并通过复原城墙、展示皇城墙基、点缀雕塑小品及借景等手法体现了历史的发展和文化的进步，在繁华的闹市中营造出清新、精致、飘逸、现代的城市环境（图3-14）。

（2）公园文化建设中的硬件建设

公园文化建设的硬件就是那些能让游赏者驻足、能留住公众目光并能给他们美好感受、留下美好记忆的景观，包括风景点、园林建筑、雕塑、园林小品、亭台楼阁以及园林文化展览、陈设等。公园文化建设中的硬件建设应把握的基本原则：一是以人为本，关注入园游人渴望回归自然的本能需求以及放松心情、陶冶情操等的精神需求；二是将自然与人文有机融合；三是因地制宜、恰到好处。如杭州西湖公园里的白堤、柳浪闻莺、曲院风荷等，都是自然与人文有机融合的知名景点，既能让游人亲近自然，有回归自然的畅快与放松，又能因其丰富的文化内涵而给人源于自然、高于自然的精神陶冶与心理感受。西湖"接天莲叶无穷碧"将江南美轮美奂的山水园林美展现得恰到好处，于是"园林之盛，甲于天下"流传至今！而扬州的瘦西湖不仅拥有浓厚的历史文化气息，而且还有如诗如画般的自然景观，垂柳遍及四处，正所谓"长堤春柳最依依，才过虹桥便入迷。"春天踏访长堤春柳是最有意趣的。沿湖边漫步看，三步一桃，五步一柳，融融的春风中，桃花缤纷艳丽，柳丝婀娜起舞，长堤犹如挂满彩色珠帘的画廊，难怪当年的李白也要"烟花三月下扬州"。瘦西湖五亭桥则是人造的

文化景点。五亭桥上建有极富南方特色的五座风亭,挺拔秀丽的风亭就像五朵出水的莲花(图3-15)。亭上有宝顶,亭内绘有顶画,亭外挂着风铃。最引人入胜的则是乘船从桥下穿过时可以数出五亭桥一共有着15个桥洞。这15个桥洞,洞洞相连,洞洞相通。《扬州画舫录》中有这样一段记载:"每当清风月满之时,每洞各衔一月。金色荡漾,众月争辉,莫可名状"。说是每到满月之夜,五亭桥下十五个桥洞中每个洞都含着一个月亮。清代诗人黄惺庵在《望江南 五亭桥》中赞叹:"扬州好,高跨五亭桥,面面清波涵月影,头头空洞过云桡,夜听玉人箫"。于是,"天下三分明月夜,二分无赖是扬州"名扬天下。

图3-15 扬州瘦西湖五亭桥

（3）公园文化建设中的软件提升

公园文化建设要以硬件建设为物质基础,以高效、精准、高水平的服务与管理("软件")为提升核心,让公众走进公园如入人间胜境,流连忘返。

长久以来,各地城市对于公园的考核标准基本上都是绿地管养、设施维护管理以及保安保洁等,鲜有将文化建设纳入其中,也因此导致绝大部分公园非常重视硬件建设,而忽略了软件建设与提升。随着社会经济的发展、人民物质生活水平的不断提升,公园已成为公众日常生活不可或缺的"第三空间",已成为城市建设发展不可或缺的有生命力、有活力的生态基础设施,因此对于公园的考核与监管,必须将软件建设提升作为重要内容考虑。如何让公园更多地发挥文化保护传承与发展利用的平台功能、发挥推动物质文明、精神文明和生态文明融合的载体作用,切实解决社会文化供需矛盾是公园建设管理者应该思索的问题。

（4）公园文化传播

公园文化传播包括文化活动组织、文创品牌打造、文化品牌形象提升等,是公园文化建设后的长期运营维护与管理提升工作内容,即将公园所要表达的文化内涵传递给游客和观者,让公园的文化价值观为广大市民群众理解、吸收、认同并因此影响其言行举止,公园文化传播的宗旨目标就是以文化境、以景寓情。

近些年来诸如北京、上海、广州、深圳等地都在积极探索、组织开展丰富多彩的公园文化活动，如组织公园文化节、公园音乐会、红叶节、游园灯会、园史展、书画展、楹联匾额展，编撰公园志等。文创产品、文化品牌打造则更是百花齐放，大都通过体育、文化、音乐、艺术、戏曲乃至红色资源等元素来实现。公园文化建设就是要寓教于游、寓游于产，将物质文化、精神文化和文化旅游等紧密相融，有效提升公园品牌影响、社会效益，并激活、带动文旅等相关产业经济，促进生态价值转化。（图3-16）

在公园产生后的百年沧桑历程中，各地的公园经历了从"私家园林"到"传统公园"再到"开放式生态园林"的不同历史时期，见证了近代城市变迁及市民生活的变化，有着极为深厚的人文内涵和历史积淀。公园的发展历程正是中华民族从旧社会走向新时代的一个缩影。在公园文化建设中，不同公园通过挖掘自身公园发展历程，举办园史展，展现了其深厚的历史文化。如北京动物园畅观楼（图3-17）内举办的园史展（图3-18），不仅展示了其从清代农事试验场到现代动物园的发展历程，也展示了世界动物园史的相关内容（图3-19），从中可以看出人类与动物的关系以及共同发展的历史。

我国作为一个具有五千年历史文化积淀的文明古国，近百年来公园建设的成果，既是城市发展的重要历史见证，也是城市文化发展演变的鲜活记录。为更好地记录公园的发展历程，给后人留下真实、全面、丰富的史实资料与城市记忆，各地公园都在修编公园志。如广西柳州市的柳侯公园，是经历了百年沧桑变迁的历史名园，也是国家重点公园，通过编撰公园志全

图3-16　东莞市公园里举办的"火柴盒"音乐会
　　　　（东莞市城管局　提供）

图3-17　北京动物园畅观楼

图 3-18　北京动物园园史展览（周娜　提供）

图 3-19　世界动物园发展史展区（周娜　提供）

图 3-20　北京香山公园红叶节

面翔实地叙述了公园百余年来建设发展的珍贵足迹，展示了公园丰富的历史文化底蕴。公园志既是公园文化建设的重要内容，又是对于社会各界广泛深入宣传公园百年历史文化内涵的重要载体，可谓功在当代，惠及百世，对我国园林事业的发展与提升具有"存史、教化、资政"等作用。

各地公园因地适时举办赏花观鸟摄影节、文创生活市集、插秧节、植物文化游等各类公园文化主题活动，不但丰富了文化生活，有些还成了城市文化品牌。如北京香山公园红叶节（图3-20）、海淀公园京西稻文化节、翠湖公园湿地观鸟季、玉渊潭公园樱花节（图3-21）、凤凰岭杏花节、圆明园荷花节等，经过多年的经验积累、内涵提升，如今都已成为非常具有影响力的公园品牌文化活动，也成了不同时节百姓的期待、游客的向往。如深圳市通过组织开展迎春花市、公园音乐节、公园文化节等活动来展现城市魅力、打造城市文化品牌，是全面推进"公园城市"建设，打造"复合型、生活型、生态型"公园，营造不同的游览气氛（图3-22），满足多元化的民生服务需求的重要工作措施，不仅家喻户晓（图3-23），还被列为"城市管理十大文化活动"，充分展示了新时代的城市新风采。

此外，公园承载的文化功能丰富程度，既依赖于各具特色的文创空间，也离不开文创产品的迭代更新。这些产品使"大人们"在赏景的同时寄情寻味，也让"小朋友"将当下的记忆延时保存。公

图 3-21 北京玉渊潭公园樱花节　　　　图 3-22 深圳莲花山公园文化节

图 3-23 深圳市公园文化活动一览表（深圳市城管局　提供）

园文创的开发，是公园文化品牌打造的重要内容。如颐和园文创产品有彩妆系列、金饰系列、文具、明信片、特色礼盒等，这些都与老百姓生活息息相关，是老百姓喜闻乐见的。其中与彩妆品牌"卡婷"联合开发的"百鸟朝凤""鎏金雀台"两个彩妆系列，分别以乐寿堂内粤绣屏风"百鸟朝凤""孔雀开屏"为灵感设计。彩妆系列包括口红、气垫粉饼、眼影和面膜，其中口红膏体采用了微雕工艺（图3-24、图3-25），将精美吉祥纹样重现在膏体上，让该款口红产品成为吸睛的东方印记，一经推出就成为消费热点。"鎏金雀台"系列新品包含粉底液及蜜粉共4款，入选2021年"北京礼物"旅游商品及文创产品大赛总榜单Top100。与文具品牌"得力"联名的系列文具产品以颐和园有代表性的建筑、植物、瑞兽为设计灵感，先后设计有"前程似锦""日月澄辉""诸事得颐""春风正得颐"四个系列共20余款（图3-26、图3-27），产品种类涵盖笔记本、签字笔、直液笔、碳笔、便笺纸、修正带等，上市后广受消费者喜爱。

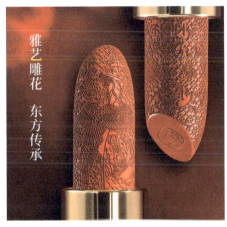

图3-24 颐和园微雕工艺口红
（颐和园公园管理处 提供）

图3-25 颐和园"百鸟朝凤"气垫粉饼
（颐和园公园管理处 提供）

图3-26 颐和园"前程似锦"中性笔
（颐和园公园管理处 提供）

图3-27 颐和园"福护禄祐"签字笔
（颐和园公园管理处 提供）

3.2 公园文化建设的保障

公园城市是城市和风景园林高质量发展的最终目标。以城市公园绿地为主要空间载体的城市文化与公共艺术是人类文明发展的结果，是城市发展进步和品质提升的体现，必然是公园城市建设的重要内容。要想实现公园城市人、城、园（大自然）和谐共生、实现物质文明、精神文明和生态文明的高度融合，迫切需要建立健全公园文化建设的保障制度和机制。

3.2.1 加强组织领导

扬州市原市委书记谢正义提出："公园城市建设绝对不只是在城市里多建几座公园，而是一场城市规划、建设、管理理念的创新与转变。它是一个系统工程，体现着城市管理的硬功夫和细功夫。城市决策层是公园城市建设的决定性力量。"对于公园文化建设而言，更是如此，需要政府主导、职能主管部门牵头、各相关职能部门积极协同配合、全社会广泛参与，形成全市统筹、上下联通的组织管理机制，在编制公园体系规划的同时编制公园文化建设专项规划，在规划指引下园林绿化和文化建设同步设计、同步推进，形成"一盘棋"。

园林绿化主管部门是公园文化规划、建设和维护管理、发展提升的主体主责部门。同时，建议组建园林文化顾问组为公园文化建设出谋献策。基于公园体系规划，结合各个公园类别、功能定位、所处区位、服务主体等，按照"一园一品"模式，提炼精髓，找准文化建园主题定位，制订文化建园发展纲要并依此实施，确保方向不偏、力度不减，切实提高文化建园效益。

公园文化建设中公园管理者应该积极作为，按照公园发展纲要，坚持一步一个脚印，致力于运用"以人为本、传承创新、常态抓建、融合发展"理念，根据公园自身的历史和现状特点，准确地确定公园文脉的立足点和价值取向，即抓住文化这条主线，在此基础上深入挖掘人、诗、文、事，以此做文章，有效地打破"百园一面""千街一景"现象。

3.2.2 突出规划引领

公园文化建设专项规划首先要明确公园文化建设与发展的宗旨目标和定位,要充分考虑公园文化在思想和审美引导、文化空间建构、改善空间环境品质和科普与社会教育等方面功能的发挥。缺乏规划指引的公园文化建设只会适得其反(图3-28、图3-29);其次,要明确划分全市域空间的公园文化类别与功能布局,公园文化的类型按照园林文化题材一般分为:(1)文化艺术类,强调关注文化艺术内涵和当代艺术潮流;(2)历史文脉类,主要反映历史文化发展演变及其重要历史事件、历史人物、历史故事等(图3-30);(3)民俗精神类,主要反映当代城市生活场景和民俗文化,反映一种精神力量(图3-31);(4)文化交流类,反映文化互鉴,展现世界各国各民族的文化艺术风貌,展现中外文化交流以及中华民族文化兼容并蓄、海纳百川的气度与胸怀等。

要做好公园文化建设专项规划:第一,要开展全市域摸底调查。对城市各类公共绿地、重要城市轴线和景观视廊、标志性高地、道路两侧、河、湖、海岸线等可以设置文化艺术元素的资源进行摸底调查。同时对城市已经形成的各类公共空间历史文化和当代文化资源进行摸底调查。第二,要明确其文化艺术元素设置的原则:政治合格、导向正确;陶冶情操、弘扬美德;传承历史、创新发展;潜移默化、寓教于乐;画龙点睛、恰到好处;追求完美、精品传世。第三,要确定刚柔相济的文化艺术元素设置规划策

图3-28 没有功能、没有意趣的园林"文化"小品(强健 提供)　　图3-29 糟蹋石头的园林"文化"——随意乱用山石、毫无章法(强健 提供)

图 3-30 公园里的历史人物雕像
（强健 提供）

图 3-31 兰州滨河公园里的著名雕塑
"黄河母亲"

略。对于关系城市重要门户形象、城市重要空间结点、重要的主题公园等区域，应当明确提出文化艺术元素的主题、题材、表现形式等要求；对于一般性公园，可仅设引导性主题、题材等要求，留给风景园林师更充足的创作空间。第四，要处理好历史文化艺术元素与当代文化艺术元素的关系。对于有厚重历史文化资源的城市或者城市街区公园绿地、历史文化名园及周边等场地，应尽可能尊重历史原真性，不轻易设置当代文化艺术元素。第五，对于历史人物和宗教题材应统筹安排并严格限定。历史人物与宗教题材往往关系意识形态等较敏感的问题，如果没有统一规划，各行其是，往往会出大问题。所以对于这类题材应当在规划当中明确限定可以设置的位置、形式、数量等。第六，选择确定恰当的文化艺术元素表现形式。根据不同区域的空间资源本底调查情况，大致规定出严肃的与浪漫的、抽象的与具象的、政治的与文化的、传统的与现代的、纪念的与趣味的等表现形式，并对自由创作的文化艺术元素提出相关质量要求。第七，要特别加强对意识形态宣传类的文化艺术元素的规划和管理。要改变当下各地普遍存在的色彩形象不协调、宣传效果差等现状。对于法制、廉政、安全、消防等各部门提出的宣传教育要求可以采取在适当位置设立电子屏幕的办法进行轮流宣传，以免破坏公园的优美风景。第八，提出重点公园文化艺术元素建设实施计划。规划编制的目的是达到甚至超出预期建设目标，但以往由于临时出题且设计制作周期短、资金含在建设项目里等因素，造成难以出精品。有了规划，就可以请专业艺术家提前设计，保证制作周期，留下传世精品。

公园是游人放松心情之地，其自然纯朴的花草树木、优美风景、清新怡人的环境本身就是陶冶性情的最好场所，在此基础上，创作出好的文化艺术元素表现内容和形式，就可起到潜移默化、入脑入心的宣传教育作用，比直白地进行宣传、简单灌输效果更好。

3.2.3 完善政策机制

在公园文化建设工作中，各级政府要深化体制改革，对公园文化建设项目加大支持力度，出台相关政策与标准规范，建立相关机制，协调财政、环保、园林、人社、文化等部门，保障公园文化建设项目顺利实施。对于重点公园、重点区域和重要空间节点的标志性文化艺术元素，应当建立项目库，并列入市级财政预算。对于公园和一般区域场地，应当随项目建设一起纳入项目库，纳入项目总投资，以保证有较长的文化艺术创作设计和制作周期，保证公园文化建设质量。

3.2.4 强化科技与人才支撑

公园文化建设是科技与文化、艺术的有机融合和综合表达。植物营造的自然生态景观是基底，丰富的公园文化内涵是灵魂，科技是保护、传承和与时俱进提升发展的保障。因此，公园文化建设离不开科技支撑，需要将科学研究作为公园文化建设的重要支撑。

园林文化要以"本土文化"为主，而本地植物、本地建筑风格、本地风俗民情等是最重要的"本土文化"基因。如何保护好、利用好城市周边原有的山丘、原生植被等生态资源？如何保护城市自然山水风貌以及经过几百上千年风化形成的地带性土壤（如红壤土）等生态要素？如何通过合理的造园手法展示、传播低碳园林、节约型园林等新理念？如何在尊重生态系统内在规律的前提下，创新园林科技应用场景、宣传园林新产品、新工艺、新技术？如此等等，都需要科研投入、需要科技支撑，需要加强新材料、新技术、新设备的研发应用，需要积极开展公园文化建设国内外交流与合作，需要吸收借鉴国内外先进理念与技术，而不能仅仅依靠传统艺术手段。对此，各地都在积极探索园林绿化智慧化，以提高园林文化的传播效能、提高园林文化的服务精准性等，包括新优植物品种应用、历史文化资源保护的数字化、云游园以及游园过程中的沉浸式体验、互动等（图3-32、图3-33）。如颐和园、圆明园等历史名园，利用现代数字化技术再现历史环境风貌，让游人犹如穿越其中，切实增强了人们对历史的敬畏、增强了民族自豪感和爱国情怀。

人是公园建设、管理的主体，也是使用公园的主体，因此公园文化建设管理要突出强调"以人为本"。要让公园文化为人服务、满足不同人群的文化需求，离不开专业人才队伍建设、专业人员能力素质的全面提升。专业人员包括规划设计人员、工程建设技术人员、各级管理人员以及专家团队、志愿服务团队等。

图3-32　广西柳侯公园夜景照明

图3-33　广西柳侯公园内高科技打造的人工瀑布景观

3.2.5 突出政府主责 多途保障资金

公园文化建设是社会公益事业，其各个环节都需要资金，且需要长期投入，因此，公园文化建设相关资金是否及时足额到位，决定着公园文化建设的推进是否顺利。公园文化建设作为长期的工作，并不能仅仅依靠政府层面的财政资金，还需要拓展资金投入的渠道，积极探索多方合作共赢的建设模式，多方获取除财政资金之外的其他配套资金支持，这样才能将公园文化建设落到实处并持续推向深入。

第一，各级政府要将公园文化建设纳入整个城市的文化建设中，并将相关资金投入以专项资金形式纳入财政预算，并切实加强文化建设专项资金使用的监督。重大项目及临时、突发性公园文化活动等可以由园林绿化行业主管部门以专项专报专议形式解决资金保障问题。如2004年广西壮族自治区柳州市政府拨出专款4300万元对柳侯公园进行改造，全面提升了公园的景观层次和文化品位、内涵；之后又陆续出资建设中华园文化碑廊、完善园区楹联牌匾、打造百年纪念园等，使公园的景观纵深、景观层次、文化内涵得到不断的提高、深化和完善。

同时，政府还应引导公园建立并完善长期资金投入机制，督促定期更新公园的服务设施设备等，鼓励文化创意并开展文化节等宣传传播活动，不断提升公园文化影响。

第二，各个公园管理方应合理使用财政资金，在做好公园建设相关调研的基础上编制好项目可行性研究报告，积极争取政府文化建设相关专项资金，合理调配公园文化建设的资金投入。同时，还要拓展资金投入的渠道，积极探讨社会共建、共享等模式，多途径获取社会资金投入。在资金的使用中，按照规定支出各项费用并做好审计相关工作。

第三，要妥善处理公园文化建设、公园文化价值展示与文旅、文创等收费经营活动之间的关系，要始终坚持公园姓"公"，保障公众利益不受损害。

3.2.6 加强监督管理

要将公园文化建设与管理作为公园管理的重点，建立完善公园文化建设规划、建设实施与保护传承、传播发展等全流程工作监督管理机制，无

图 3-34　北京市公园管理手册　　图 3-35　重庆双桂湖湿地公园的生物多样性动态监测

论主体主责还是协同配合,都要通过监督把责任压紧压实、把工作落到实处(图 3-34、图 3-35)。要建立评价考核制度,强化公园文化建设的动态监测与评价,将公园文化建设管理考评结果纳入园林绿化等相关部门的绩效考核。有条件的城市,可开展公园文化建设评比活动,如文化公园星级评价认定等。

3.2.7　加大宣传教育、激发公众参与

通过组织公园文化节、主题文化论坛、专题文化活动等,并通过电视、报纸、微信、抖音、小红书等多样化媒体宣传,普及公园文化内涵、提升公园文化影响,让社会都关心公园文化建设、保护、传承与发展。例如上海浦东世纪公园的音乐烟花节从 2000 年开始,每年举办,在老百姓心目中已成为如同传统节日一样的佳节盛会;再加上媒体宣传引起了全社会广泛关注,反响良好,让越来越多的人认识到了公园的文化平台与窗口作用,让更多的人参与到公园文化活动中。

同时,要加强公园文化普及教育工作和文化传播工作,不断塑造公园文化品牌形象。

要鼓励、激发公众参与,即让公众在源头上参与公园文化规划,在过程中参与公园文化建设与运营,使公众真正成为公园建设的主人。城市公园作为现代人日常生活不可或缺的重要生活环境场所和精神寄托场所,与每个人的生活都息息相关。公众参与的结果必然大大提升公众自身的园林

审美趣味与欣赏水准，反过来会影响设计师与建设者进一步提高园林创作水准，创造高品质的园林景观，使公园（大自然）、城市和人的关系更契合、更和谐。

要招募有情趣、有文化专长、有公益热情的志愿者，协助公园文化建设与运营管理。还可以通过文化共建、文旅融合等途径吸引社会力量、鼓励公众参与公园文化建设与运营管理。

本章小结：公园城市目标导向下的公园文化建设，更加凸显公园在城市中的作用，更加注重传统文化的保护传承和新型文化的培育，从这个角度讲，公园城市背景下的公园建设，是事关身在其中每个人的公共事务，需要每个人的积极参与、需要每个人都贡献智慧和力量，包括公园规划建设主导者和实施者，公园的管理者和志愿者，以及作为普通使用者的社会公众。只有全社会关注、全民参与，才能使公园真正成为全民共享的精神乐园。

第 4 章

公园文化探索与展望

"建设生态文明,是关系人民福祉、关乎民族未来的长远大计。面对资源约束趋紧、环境污染严重、生态系统退化的严峻形势,必须树立尊重自然、顺应自然、保护自然的生态文明理念,把生态文明建设放在突出地位,融入经济建设、政治建设、文化建设、社会建设各方面和全过程,努力建设美丽中国,实现中华民族永续发展。"

4.1　守护绿水青山

　　公园城市理念的提出与当前中国城市发展现状有密切关系。研究表明，在一个国家城镇化率达到50%左右时，都会遇到不同程度的生态环境问题。中国在2019年城镇化率已到60%。因此，生态环境治理是当前发展过程中，必须逐步解决的问题。今天人们开始反思城市发展中的指导思想问题，而早在20世纪60年代英国著名规划师就提出未来的城市建设要更多地以园林学而不是建筑学来规划我们的城市，为人与人之间的和谐创造良好的环境空间。1988年汪菊渊先生在大百科全书定义风景园林学科研究领域时明确其包括"传统园林学、城市园林绿地系统和大地景观规划"三个层面，园林是对一个区域或城市的自然和人工环境整体的规划和设计，用建筑、山系、水体和植物等园林要素，构建具有生态、艺术和使用三大功能的城市大园林。广义的风景园林学，就是保护绿水青山，打造自然和谐的生态环境。公园城市的建设，首先就是统筹山水林田湖草沙，保护生物多样性。1990年钱学森先生首先提出"山水城市"的科学构想，他认为，中国城市建设要发扬中国园林建筑风格，把整个城市建设成一座超大型园林，即"山水城市"。吴良镛先生认为"山水城市"是提倡人工环境与自然环境相协调发展的，其最终目的在于建立"人工环境"与"自然环境"相融合的人类聚居环境，他提出了人居环境学，扩大了现代园林的外延，旨在让生活在城市的人们平等地共享绿色环境，感受自然山林与田园风光。

　　近年来我国城市和生态环境建设不断取得前所未有的成就，同时传统意义上的城镇化更多地表现为地域空间的城市化，即以土地扩张为工具、以增量发展为导向的"速度型"城镇化，这种城镇化方式虽然可以在较短的时期内增加城市的数量和规模，但也忽略了城市化的根本目的是以人为本。具体到城市绿地系统、公园绿地的规划和建设，在空间尺度适宜性、景观形象独特性和空间组织完整性上体现并不完善，在划定城市生态绿线、城市建设红线、历史文物紫线、河湖水系蓝线方面还有很多问题，以牺牲自然生态环境资源盲目追求经济GDP的现象时有发生。党的十八大以来生态文明建设已经纳入国家发展总体布局，建设美丽中国已经成为人民心向往之的奋斗目标。

"以人民为中心的发展思想"和构建人与自然和谐共生的绿色发展新理念,体现了我国经济社会发展模式和路径转变的理论创新和实践探索。2005年8月,时任浙江省委书记的习近平在浙江湖州安吉考察时提出"绿水青山就是金山银山",后来他又进一步阐述了绿水青山与金山银山之间三个发展阶段的问题。"绿水青山"指代的是客观存在的自然,而"金山银山"指代的是实现中华民族伟大复兴中国梦中生活富裕的美好生活状态,"绿水青山就是金山银山"的理论体现了人们通过实践实现由自在自然向人化自然的转化过程,既要金山银山,又要绿水青山。这是对当代社会经济发展理念用生态文化理念的时代诠释,生动刻画了绿色发展理念的时代内涵,旨在实现人与自然和谐共生、经济发展与环境保护相统一,为我们实现经济发展方式转型、推动生态文明和美丽中国建设提供了根本遵循,这一理论充分体现了马克思主义的辩证观点,系统剖析了经济与生态在演进过程中的相互关系,是中国为解决世界上经济发展、城市建设和生态环境保护矛盾而提出的中国方案。

在2019年北京世园会开幕式上,习近平总书记面向国内外来宾发表了主题为"共谋绿色生活,共建美丽家园"的演讲,强调"生态兴则文明兴,生态衰则文明衰","我们要像保护自己的眼睛一样保护生态环境,像对待生命一样对待生态环境,同筑生态文明之基,同走绿色发展之路",并再次表达"建设美丽中国已经成为中国人民心向往之的奋斗目标"愿景,提出面向未来"我们应该追求人与自然和谐。山峦层林尽染,平原蓝绿交融,城乡鸟语花香""遥望星空、看见青山、闻到花香"。

4.2 传承中华文明

习近平总书记指出:"我们要坚持道路自信、理论自信、制度自信,最根本的还有一个文化自信"。"文化自信,是更基础、更广泛、更深厚的自信。"建设公园不只是简单地种树，而是对一个城市文脉的传承，是城市名片的打造过程，没有文化的"园林"和缺少文化积淀的公园则是对中国传统文化不够重视的结果。在5000多年文明发展中孕育的中华优秀传统文化，积淀着中华民族最深沉的精神追求，代表着中华民族独特的精神标识，是中华民族生生不息、发展壮大的滋养源泉。在中华优秀传统文化形成发展过程中，中国园林作为一种有生命的文化载体，呈现在世人面前。

图 4-1　西周青铜"逨"鼎

中国园林内涵丰富，技艺精湛，既是寓情于景汇多种非物质文化艺术形态于一身的社会精神财富，又是寓居于境体现国泰民安、民族团结、经济繁荣的社会物质财富。中国园林根植于传统文化，其中蕴含的人与自然关系古已有之，一些文物中可以看出古人对环境保护的重视。如西周青铜器"四十三年逨鼎"中的铭文提到的主人公"逨"，就是因为管理山林川泽工作突出而得到奖赏（图4-1、图4-2）。唐代中国园林传入日本，后又传到朝鲜、东南亚一带。到了17~18世纪，欧洲曾刮起过一阵"中国旋风"。黑格尔（1770~1831年）说过："真正的园林艺术就是把自然风景中能令人心旷神怡的东西集中在一起，形成一个整体，中国的园林艺术早就做到了。"钱伯斯（1723~1796年）《东方造园论》中说道："西方造园只是造园，是建筑师的附带业务。中国人却有了解季节、空间、文化的造园师，不断在旅行、观

图 4-2　"逨"鼎铭文

图 4-3　英国邱园中国塔

图 4-4　上海豫园

察自然中得到灵感，造出令人愉悦的景观。"钱伯斯作为英国皇家造园建筑师在邱园中建造了中国塔等园林景点（图 4-3），那个看起来就很时髦的词"Chinoiserie"（中国风）就起源于那一时期。当时的欧洲在瓷器、家具、建筑等全方位对东方文明顶礼膜拜，那一时期中国园林艺术深刻影响了欧洲的造园艺术，英中式园林曾经是极为流行的园林类型。受雇于哈佛大学的植物猎人亨利·威尔逊（1876~1930 年）先后几次来到中国采集植物，对中国的植物资源发出感叹，后来写下了《中国——世界园林之母》，开篇写道，"中国是园林的母亲，千真万确。在我们的园林深受其惠的那些国家中，中国位居榜首。从早春的连翘和玉兰破蕾绽放，到夏季的牡丹和蔷薇，秋的菊花，中国对世界园林资源的贡献有目共睹。花卉爱好者从中国获得今日玫瑰的母本，包括茶玫瑰或茶玫瑰的杂交种，攀缘或多花类型，还有温室的杜鹃和报春花；果树种植者获得桃、橙、柠檬和葡萄柚。可以确定地说，在美国或欧洲找不到一处园林没有来自中国的植物，其中有最美丽的乔木、灌木、草本和藤本。"玛丽·路易斯·歌特的《园林艺术中》中写道："世界上所有的风景园林，包括日本园林，它们的精神之源在中国。"

2019 年 11 月 5 日，习近平总书记在上海豫园接待了法国总统马克龙夫妇（图 4-4）。两国元首偕行游园，宾主不时驻足，观赏江南园林、欣赏中国的戏曲。

2023 年 4 月 7 日，习近平总书记在广州松园同法国总统马克龙举行非公式会晤。坐落在广州白云山麓的松园，依山傍水，亭台叠瀑，别有风情（图 4-5）。两国元首在园内边走边聊，不时驻足，饶有兴致地观赏岭南园林的独特景致。

从上海豫园到广州松园，博大精深的中国园林不仅充分展示了园林文化魅力，也展示了中华民族文化自信。

"文明因多样而交流，因交流而互鉴，因互鉴而发展。"改革开放以来，中国融入了世界，动物、植物、中国园林成为文明的使者，遍布到世界各地。1980 年美国纽约大都会艺术博物馆选定以苏州网师园内的"殿春簃"（图 4-6）为蓝本建造东方文明艺术展厅"明轩"，由陈从周教授主持设计，苏州市园林管理局承建。"明轩"建成后成为博物馆最受欢迎的打卡地，这是近代中国园林走向世界的开山之作（图 4-7）。1983 年在慕尼黑世园会上所建的"芳华园"（图 4-8），荣获世园会"德意志联邦共和国大金奖"和"联邦德国园艺建设中央联合会大金奖"两项大奖。

公园城市的建设，离不开中华文明的传承。中国园林走向世界不是偶然的，中国古典园林的博大精深表现在不同地域、不同民族独具特色的园林艺术中；表现在中国人独特的精神世界与哲学思想中；表现在不同民族、

图 4-5　广州松园（手绘）

图 4-6　网师园"殿春簃"

图 4-7　美国大都会博物馆"明轩"

图 4-8　慕尼黑世园会的"芳华园"

不同时期文化的传承与发展中；表现在变化多样的艺术形式与诗情画意的内心世界中；表现在功能与形式的高度统一中；表现在物质与精神的完美融合中。今天中国古典园林成为历史名园，以公园的方式接待着海内外游客，成为弘扬中华文明的重要窗口。建设公园城市是时代的进步，中国特色的公园文化，已全方位融入国民教育各个领域、各个环节，与人民生产生活深度融合，正在成为城市文化新的竞争力。

4.3　彰显民生福祉

中国园林的本质是民生。中国园林历来和国家的命运紧密相连，无不体现在民族团结、家国情怀、文化传承等各个方面。习近平总书记指出："城市规划建设做得好不好，最终要用人民群众满意度来衡量"。2017年习近平总书记在北京考察时指出："北京城市规划要深入思考'建设一个什么样的首都，怎样建设首都'这个问题"，强调编制好北京城市总体规划对疏解非首都功能、治理"大城市病"，提高城市发展水平与民生保障服务具有重要意义。完善的城市绿地系统是城市健康的重要保障。中国城市规划设计研究院原院长李晓江先生撰文提出"现代城市相较于封建时代城市最本质、最显著的空间特征就是城市有了供居民共享用的开敞空间/绿地。城市公共开敞空间：为城市提供生态服务功能的自然资本，生物多样性保护空间，碳汇生产空间，应对极端天气的安全缓冲空间等。城市粮食生产的空间。"绿色空间在特殊时期对一个城市安全尤为重要。2017年国务院批复了北京历史上第一个"减量规划"，随后规划建绿、留白增绿使北京的环境质量有了明显的改善，雾霾少了蓝天多了。面对新时代城市环境建设如何满足老百姓日益增长的健康需求的问题，建设公园城市就是最好的答案，而建设核心就是统筹山水林田湖草沙绿色空间，构建健康合理安全的城市绿地系统。

公园城市建设的重大意义是不言而喻的，核心就是更加突出保障民生福祉，提升老百姓的幸福生活指数。公园是最为普惠的公共产品，《雅典宪章》提出城市规划的目的是解决居住、工作、游憩与交通四大功能活动的需要。由此可以看出，一个健康的城市离不开科学的绿地系统，更离不开公园绿地对居住工作生活在城市的人们提供健康的保障。对于生活在城市而被日趋与自然隔离的人们来说，公园绿地是一个很好的亲近自然、享用自然的场所。公园绿地对协调社会关系、规范社会行为、提供公共教育、应对灾害风险、促进社会和谐等多方面具有积极的意义。公园绿地以服务民生为根本宗旨，以建设和优化人居环境为最终目标，公园城市的建设充分体现了国家强盛。以上海为例：从中华人民共和国成立初期人均绿地 $0.132m^2$（人均"一双鞋"）到人均"一张报纸"再到人均"一张床"，到 2014 年人均公共绿地达到了"一间房"，人居环境随着国家的发展强盛而得到了极大的改善（图 4-9）。从过去洋人租界公园国人不得入内，到 2020 年城市公园数量达到 400 座，人均公园绿地面积有了翻天覆地的变化。反过来，上海市人居生态环境改善也促进了社会经济的快速增长。

公园城市中公园绿地建设质量的高低，分布得合理不合理直接关系老百姓幸福指数。2015 年习近平总书记在中央城市工作会议上指出："城市工作要把创造优良人居环境作为中心目标，努力把城市建设成为人与人、人与自然和谐共处的美丽家园"。在近期公布的美丽中国建设评估指标体系及实施方案中，明确了地表水水质优良比例、森林覆盖率、湿地保护率、自然保护地面积占陆域面积比例、重点生物物种种数保护率、城市公园绿地 500 米服务半径覆盖率等指标。中国风景园林学会 2021 年发布的团体标准《公园城市评价标准》T/CHSLA 50008—2021 中明确公园城市是将城市生态、生活和生产空间与公园形态有机融合，充分体现生态价值、生活价值、美学价值、文化价值、发展价值和社会价值，全面实现宜居、宜学、宜养、宜业、宜游的新型城市发展理念，其科学内涵是以生态保护和修复为基本前提，以老百姓获得感、幸福感和安全感得以满足与不断提升为宗旨目标，以城市高品质、有韧性、健康可持续发展和社会经济绿色高效发展为保障，最终实现人、城、园（大自然）三元互动平衡、和谐共生共荣。围绕人、城、园（大自然）三元素，按照"规划—建设—治理"的过程逻辑，提出生态环境优美、人居环境美好、生活舒适便利、城市安全韧性、城市特色鲜明、城市发展绿色、社会和谐善治 7 个重点建设目标。

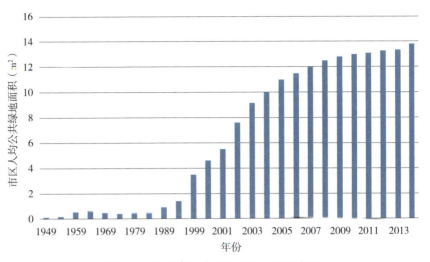

图 4-9 上海市人均公共绿地面积发展图

公园城市建设建城先建"核",这个"核"就是公园。也就是说构建完善的城市公园体系是公园城市建设的核心工作之一,也是需要首先推进的工作。公园体系作为城市"蓝绿灰"三大城市基础设施体系的重要组成部分,是城市建设发展的绿色铆钉,会牢牢锚固城市公园形态。以扬州为例:扬州作为历史名城,从 2013 年开始 5 年建成 350 个公园,从公园与城市、市民关系的思考入手,进行公园城市建设实践,得到老百姓的高度拥护。扬州的实践从社会学意义来讲体现了城市客厅的理念;生理学意义来讲实现了健康中国的愿景;功能完善方面来讲补充了城市备用的避灾场所,增加了安全"气眼"。其分布的 350 个公园中,主城区就有 200 多个,居民无论是走路、骑车还是开车,约 10min 均可抵达一座公园。对城市和市民来说,公园并不是一种可有可无的奢侈品,而是城市重要的基础设施、功能设施,是市民生活的必需品。在城市规划中,公园不应是辅助地位,而应当处于基础性、前置性的核心地位。旧城双修"+公园",新区开发"公园+",成都作为公园城市理念首提地,在公园城市建设实践中同样充分体现了这一特点。其结合地域特点,以绿道连接城市与乡村,以特色体现不同区域公园绿地主题,城乡统筹,带动城乡居民共同参与共同致富,在大地书写出百姓听得懂乐于参与的绿色乐章,不但改善了人居环境,还带动了地区经济发展。

生物多样性是反映一个城市环境是否健康的重要参数。公园城市建设同样要为城市生物多样性留足空间。植物是地球生物安全的基础，是全球生物多样性保护的核心，保护植物就是保护人类自己。中国是世界上生物多样性最丰富的国家之一，生态系统类型多样，高等植物3.6万余种，居全球第三。脊椎动物7300余种，占世界总种数11%，其中哺乳动物673种，居世界首位。

古人对于人和自然的关系的认识和实践，给我们留下了宝贵的文化遗产和传统生态智慧，为我们的公园城市建设延续了历史文脉，增强了文化自信。我们似乎可以看到不远的将来，随着公园城市建设的不断深入，庄子与惠子游于濠梁之上的这那一段历史上经典的对话，不仅在历史名园中反复再现，这段对话所展示的精神内涵也必然会出现在现代公园中，成为万物和谐的美丽家园中一抹亮色（图4-10），我们在中国园林博物馆筹建中所体现的中国园林"理想家园"本质，更加体现了几千年延承不断的诗意栖居理想。

本章小结：城市之美是自然美和人文美的结合。一个城市的发展，是自然美不断被发现的过程，也是人对自然不断美化的过程。随着城市化进程的不断发展，当前的城市，面临着环境污染，人口增长过快等诸多问题，这些问题影响和制约着人们生活品质的提高。公园城市理念的提出，为面向未来的城市发展提供了一个完美的中国解决方案。公园城市将传统园林与城市更好地结合起来，其在公园文化中凝聚着传统文化，可以使人们在其中感受到自然之趣，感受到文化之美，感受到生活之好。

图4-10 中国园林博物馆

参考文献

[1] 汪菊渊. 中国古代园林史 [M]. 北京：中国建筑工业出版社，2009.

[2] 周维权. 中国古典园林史 [M]. 北京：清华大学出版社，2006.

[3] 景长顺. 中国公园学 [M]. 北京：中国建筑工业出版社，2019.

[4] 朱钧珍. 中国近代园林史 [M]. 北京：中国建筑工业出版社，2012.

[5] 成都市公园城市建设领导小组. 公园城市成都实践 [M]. 北京：中国发展出版社，2020.

图书在版编目（CIP）数据

公园城市建设中的公园文化演替 / 李炜民，张宝鑫主编 . —北京：中国城市出版社，2024.2
（新时代公园城市建设探索与实践系列丛书）
ISBN 978-7-5074-3672-3

Ⅰ. ①公⋯ Ⅱ. ①李⋯ ②张⋯ Ⅲ. ①城市建设—研究—中国 Ⅳ. ① F299.21

中国国家版本馆 CIP 数据核字（2023）第 254080 号

丛书策划：李　杰　王香春
责任编辑：李　杰
书籍设计：张悟静
责任校对：赵　力

新时代公园城市建设探索与实践系列丛书
公园城市建设中的公园文化演替
李炜民　张宝鑫　主编
*
中国城市出版社出版、发行（北京海淀三里河路9号）
各地新华书店、建筑书店经销
北京雅盈中佳图文设计公司制版
建工社（河北）印刷有限公司印刷
*
开本：787毫米×1092毫米　1/16　印张：10　字数：168千字
2024年4月第一版　2024年4月第一次印刷
定价：118.00元
ISBN 978-7-5074-3672-3
（904691）

版权所有　翻印必究
如有内容及印装质量问题，请联系本社读者服务中心退换
电话：(010) 58337283　QQ：2885381756
（地址：北京海淀三里河路9号中国建筑工业出版社604室　邮政编码：100037）